南極観測60年
―定点観測者としての通信社―

60 Years of Japanese Antarctic Research Expedition
― A news agency as eyewitness ―

公益財団法人 新聞通信調査会
Japan Press Research Institute

開催にあたって

　経済白書が「もはや戦後ではない」と書いたのは、終戦から11年たった1956年でした。その年11月に第1次南極観測隊は観測船「宗谷」で東京・晴海を出港、翌57年1月に南極に到着し、上陸地点を「昭和基地」と命名しました。このニュースは国民に元気を与えてくれました。当時、子供心にも強い印象が残っています。

　あれから60年余。観測隊はすでに59次に及びます。観測船も「宗谷」から「ふじ」「しらせ」、新「しらせ」と4代目になりました。写真展では、この間の南極観測の歴史を ①「挑戦」基地開設から極点到達まで ②「拠点」観測船と観測基地 ③「生活」隊員たちの一年 ④「自然」大地と天空 ⑤「生物」極限で生きる ⑥「観測」過去と未来への窓―の6章で構成し、125枚の写真で振り返っています。

　この中には、第3次観測隊の隊員がクマかと見まがう大きなイヌを抱えた写真があります。これが無人の昭和基地で1年間生き抜いた樺太犬のタロとジロ。この話はのちに映画『南極物語』になりましたが、写真は今見ても感動を覚えずにはいられません。また、サスツルギと呼ばれる雪面模様、太陽が緑や青に変色するグリーンフラッシュ現象、お湯が一瞬にして氷結する「お湯花火」などは芸術的ともいえます。

　今年1月、冒険家、荻田泰永さんが無補給単独歩行で南極点に到達しました。日本人初の快挙です。南極に関心が向いたこの時期に、日本の南極観測の歩みを写真展として開催できたことは何かのご縁かもしれません。ぜひ多くの人に見ていただきたいと思います。

　今回の写真展の企画、設営に当たっては共同通信社に全面的なご協力をいただいたほか、国立極地研究所の協力を仰ぎました。ここに深く感謝申し上げます。

公益財団法人 新聞通信調査会
理事長　西沢　豊

Foreword

It was in 1956, 11 years after the end of World War II, that an annual economic white paper said it was no longer the "postwar" era. In November that year, the research ship Soya left Tokyo's Harumi Pier with the first Antarctic expedition team on board. In January 1957, the team arrived in Antarctica and named the landing location "Syowa Station" (Syowa normally spelled as Showa today). The news cheered up the Japanese people. It also left a strong impression even on a child like me.

Over 60 years have passed since then. The number of expedition teams has reached 59. The research ship Soya has been succeeded by Fuji, Shirase and New Shirase. At this photo exhibition, the history of Japanese Antarctic research expeditions is divided into six chapters – Chapter 1, Challenge: From Base Opening to Reaching South Pole; Chapter 2, Base: Research Ship and Station; Chapter 3, Life: Diverse Phases of Yearlong Antarctic Life; Chapter 4, Nature: Earth and Sky; Chapter 5, Creatures: Living under Extreme Conditions; and Chapter 6, Observation: Window to Past and Future. In total there are 125 photos.

Among the photos is one expedition members holding two big bear-like dogs. The dogs were Karafuto dogs (Siberian huskies) named Taro and Jiro who had survived at the unmanned Syowa Station after being left behind a year before. This tale was later turned into the movie "Antarctica," and this reunion photo still inspires us. Among very artistic scenes are a "sastrugi" pattern of grooves and ridges on snow, a green flash just before sunset, and "hot-water fireworks" resulting from hot water hurled into the air and instantly freezing up to become ice crystals.

In January this year, explorer Yasunaga Ogita made an unassisted solo trek to the South Pole, becoming the first Japanese to do so. With the public now paying more attention to Antarctica, it may well have been fated that we are holding an exhibition chronicling the annals of Japanese Antarctic research expeditions. We want as many people as possible to see this exhibition.

The Japan Press Research Institute has obtained the full cooperation of Kyodo News in holding this photo exhibition and asked for the cooperation of the National Institute of Polar Research. We greatly appreciate their support.

Yutaka Nishizawa
Chairman
Japan Press Research Institute

目次 / Contents

図版 / Plates

5 —— 第1章「挑戦」基地開設から極点到達まで
Chapter 1 Challenge: From Base Opening to Reaching South Pole

37 —— 第2章「拠点」観測船と観測基地
Chapter 2 Base: Research Ship and Station

55 —— 第3章「生活」隊員たちの一年
Chapter 3 Life: Diverse Phases of Yearlong Antarctic Life

73 —— 第4章「自然」大地と天空
Chapter 4 Nature: Earth and Sky

89 —— 第5章「生物」極限で生きる
Chapter 5 Creatures: Living under Extreme Conditions

97 —— 第6章「観測」過去と未来への窓
Chapter 6 Observation: Window to Past and Future

エッセイ

122 —— 南極観測事始め／深瀬　和巳

124 —— 「最寒の地」への旅／稲葉　智彦

128 —— 還暦を迎えた南極観測—過去・現在・未来—／本吉　洋一

132 —— Commentaries on Chapters & Captions

[凡例]
・南極観測60年にあたり、その歴史を回顧し、基地の変遷、観測隊の暮らし、自然環境、生物、観測を通してもたらされた知見を6章に分けて紹介する。
・図版の配列は、出来事の関連性やまとまりを配慮しつつ行ったため、必ずしも撮影年代順になっていない。写真番号は各章毎に掲載順に付した。
・本書での昭和基地の英文表記は正式名称である「Syowa Station」とした。
・写真のクレジットは巻末(p.139)に記した。
・章解説1〜3章は藤田紳一、4〜6章は本吉洋一、写真説明は君波昭治、本吉洋一、藤田紳一、武隈周防、澤野林太郎、山村学が執筆した。

第1章 「挑戦」基地開設から極点到達まで
Challenge: From Base Opening to Reaching South Pole

　手つかずの美しい自然が残る南極。日本はその一角で60年にわたり観測を展開、オゾンホール発見や多量の隕石発見、厚い氷床の掘削による気候変動の解明など世界をリードする成果を挙げてきた。しかし、最初は成功すらおぼつかない「未知への挑戦」だった。

　地球規模の科学調査・国際地球観測年（IGY）の実施が1957〜58年と決まり、日本が米国やソ連（当時）など他11カ国と調整の末、南極で観測を担うことになったのは、前人未到の、厚い氷に阻まれ上陸困難な地だった。東経35度付近のプリンスハラルド海岸。古い航空写真があるだけで、全てが手探りだった。

　55年11月に南極観測参加を閣議決定。敗戦から立ち直る途上の日本が、国際協力の舞台に復帰していく機会とあって、新聞社が実施した募金には小学生も応じ、企業も無償協力するなど国民的な後押しの中で準備が急ピッチで進められた。

　第1次観測隊は予備観測との位置づけで、56年11月、「宗谷」で東京・晴海を出港した。犬ぞり用の樺太犬も一緒だった。このシーズンは幸運にも海氷の状況が良く、プリンスハラルド海岸沖の定着氷に接岸。57年1月、西オングル島に上陸して日の丸を掲揚し、一帯を「昭和基地」と命名した。実際の建物は東オングル島に建設。11人による越冬が始まった。「宗谷」は帰路、厚い氷に閉じ込められ、ソ連の砕氷艦「オビ号」に救出された。

　57年、第2次隊を乗せた「宗谷」は、今度は往路で氷の中、立ち往生した。脱出後、米砕氷艦の救援を受けたが、氷の状態が厳しいため昭和基地に近づけず、小型機で第1次越冬隊を収容するのが精いっぱい。58年2月、観測を断念した。樺太犬15匹は基地に置き去りにせざるを得なかった。

　1年後の第3次隊からは輸送を大型ヘリコプターに切り替えて臨んだ。59年1月、「宗谷」から無人の基地に飛んだヘリは2匹の走り回る犬を発見。「タロ」「ジロ」と確認された。この奇跡的生存は世界的なニュースとなり、後に映画化もされた。60年、第4次隊の福島紳隊員がブリザード（雪あらし）の中、行方不明となり、68年に遺体で発見、初の犠牲者となった。

　IGYのための臨時的な事業だった観測は、「宗谷」の老朽化などもあって第6次隊での打ち切りが決まり、昭和基地は62年に閉鎖された。その後、恒久的な体制が整備され、新観測船「ふじ」も建造。船の運用は海上保安庁から海上自衛隊に切り替えられ、65年、第7次隊が「ふじ」で日本を出港、観測は4年ぶりに再開された。再開後の目玉の一つが極点旅行で、第9次隊の11人が雪上車に分乗し68年12月、白瀬探検隊以来の悲願だった南極点到達に成功した。

1952年		57〜58年を国際地球観測年（IGY）とすることが決定
1955年	9月	IGY特別委員会でプリンスハラルド海岸が日本の観測区域に
	11月	南極観測参加を閣議決定
1956年	11月	第1次観測隊が「宗谷」で日本出港
1957年	1月	西オングル島に上陸、一帯を昭和基地と命名
	2月	第1次越冬隊が越冬入り。「宗谷」が帰路、氷に閉じ込められオビ号が救出
1958年	2月	第2次隊、氷の状態が厳しく観測を断念。樺太犬を基地に残し撤退
1959年	1月	第3次隊が昭和基地沖着。タロ、ジロの生存確認
1960年	10月	第4次越冬隊の福島紳隊員が遭難。68年2月、遺体発見
1961年	6月	南極での活動を平和利用目的に限る南極条約が原署名国12カ国で発効
1962年	2月	昭和基地が閉鎖。第6次隊で観測を打ち切り
1965年	11月	観測事業を再開、第7次隊が「ふじ」で日本を出港
1968年	12月	第9次越冬隊が雪上車で南極点到達

第1章-1　基地開設　Base opening

1-1　「宗谷」、いざ南極へ

1956年11月8日、南極に向け東京・晴海を出港する観測船「宗谷」。隊員53人、乗組員77人、そり用の樺太犬22匹の構成だった。永田武隊長は「準備には万全を尽くした。冷静に対処してくる」とあいさつした。港にはあふれるほどの見送りの人が集まり、国民の期待の大きさを物語っていた。「もやい放て」。午前11時、テープが舞い、港内の船舶が航海の安全を祈る信号旗を掲げる中、「宗谷」は岸壁を離れていった。

1-2　氷山に遭遇

1957年1月、雄大な姿を見せるテーブル型氷山をよけて南極海を航行する「宗谷」。4日が初めての氷山との遭遇だった。第一発見者には船長からの賞品も。「宗谷」の居住区には冷房がなく、赤道付近では暑さに、暴風圏では横揺れに隊員たちは苦しんだ。いよいよ近づく南極圏に誰もが期待を高めた。

1-3　南極に到達

1957年1月、南極・オングル島沖の定着氷原に停泊する「宗谷」。10日に南極圏に入った後、ヘリコプターで偵察しながら氷海を進んだ。厚い定着氷に阻まれ「これ以上の前進は不可能」と判断、25日に「着岸」を宣言した。基地として最適と判断したオングル島までの距離は約20㌔。「宗谷」の後年の5回の航海ではいずれも70㌔以上あり、ここまで接近できたのは幸運の一言に尽きた。東京港を出発して79日目だった。

1-4　樺太犬も活躍

1957年1月、第1次観測隊で活躍した樺太犬。後方は「宗谷」。越冬隊は犬ぞりを駆使して大陸内陸部への調査旅行もした。当初、輸送は雪上車のみの計画だったが、西堀栄三郎副隊長が犬ぞりの必要性を説いた。当時、北海道には寒さに強い樺太犬が約1000匹おり、その中からそり犬として適していた約50匹が選ばれ、56年、稚内で訓練が行われた。

1-5　オングル島で測量

1957年1月、観測隊が基地開設の第一候補地と決めたオングル島で測量する隊員。詳細な撮影場所は不明。着岸後、「宗谷」から最初に偵察に出たのは犬ぞり隊だった。しかし、海氷面上に雪などが解けてできた水たまり「パドル」にはまり、悪戦苦闘。見かねて雪上車が出たが、これも水中に落ち、難渋した。結局、雪上車はたどり着けず、犬ぞり隊により測量が行われた。

1-6　昭和基地と命名

1957年1月29日、上陸した西オングル島で日の丸を掲げる観測隊。29日昼に永田武隊長らを乗せ「宗谷」を出た2台の雪上車は、それまでの悪路が好転したため、順調に西オングル島に到達した。松本満次船長らもヘリコプターで飛来。午後9時ごろ上陸し、一帯を「昭和基地」と命名、歴史的な一日となった。総勢34人で万歳を三唱、喜びを分かち合った。50年後の2007年、第48次隊は雪の下から、日の丸の掲揚に用いたと思われる竹ざおや石組みを確認、上陸地点を特定し、翌年には記念看板も設置した。

1-7　輸送に向け荷降ろし

1957年、オングル島沖の定着氷原に停泊する「宗谷」からの荷降ろし作業。積み荷は建物の資材、発電機、無線機、燃料、食料など。中でも基地の心臓部となる2台の発電機（1台3㌧）が輸送のカギだった。「南極」の南の字を丸で囲み「丸南通運」と名付けられた輸送指揮所ができ、荷をさばいた。

1-8 「昭和街道」を行く

1957年2月、「宗谷」と昭和基地間の輸送路を行く、そりを引いた雪上車。実際の基地は西オングル島ではなく、「宗谷」着岸地点からより近く輸送に便利で、広い平たん地がある東オングル島に建設されることになった。1957年2月1日、3台の雪上車が初荷を積んで出発、昼夜兼行の輸送が始まった。輸送路には「昭和街道」という道標が立ち、途中の休憩ポイントには人形が店番をする「たばこ屋」もできた。

1-9 パドルに落ち込む

1957年2月、氷の上の水たまり(パドル)に落ち込んだ雪上車。パドルにはまると他の雪上車で引き上げるなど大変で、第1次隊は苦労の連続だった。それでも、最初の頃、「宗谷」から基地まで10時間あまりかかっていた輸送時間は、後半には2時間あまりに短縮されたという。大量輸送の主役は犬ぞりではなく雪上車だった。

1-10 クラックに架橋

1957年2月、「宗谷」と昭和基地を結ぶ輸送路で、雪上車が通れるように海氷の割れ目(クラック)に板の橋を架ける「宗谷」の乗員ら。クラックは潮の満ち引きででき、氷の上の水たまり(パドル)と並んで細心の注意が必要だった。実際に1967年には雪上車の水没事故が起きている。

1-11　悪天候のなかの炊事
1957年2月、昭和基地建設のため、悪天候のなか炊事する第1次隊の隊員。2月10日の基地観測記録によると、最低気温は氷点下7.8度、最高気温も氷点下1.7度。建物が建つまでは食事は野外で取り、食器は冷たい雪解け水で洗った。悪天候ともなると、作業環境は厳しかった。

1-12　基地建設に着手
1957年2月、東オングル島のなだらかな傾斜地で始まった昭和基地の建設作業。隊員たちは氷雪のない岩の上でキャンプし、荷の受け入れと並行して建設に当たった。11日に基地無線局が完成。日本との安定的な通信が越冬の絶対条件となっていた。作間敏夫隊員が千葉県の銚子無線局を呼び出すと「感度良好」の返信。交信成功の瞬間だった。14日までに無線棟、居住棟、発電棟、食堂棟の4棟すべてが完成した。

1-13　プレハブ建築の元祖
1957年2月、昭和基地で進む建設作業。短期間で完成させるためパネルを組み立てる工法を採用した。国産ヒノキなどでできた木質パネルをコネクターという金物でつなぐだけで、くぎを全く使わず、3日ほどで完成という"匠の技"が施されており、プレハブ建築の元祖となった。氷点下60度、極地の強風に耐えるなどの厳しい設計条件が課されており、今も当時の建物1棟が風雪に耐え残っている。建築物に限らず、当時は「すべて国産で」が合言葉だった。

1-14　1次越冬隊の11人

1957年1月20日、「宗谷」の着岸を前に、第1次越冬隊員候補11人が発表され、笑顔で写真に納まった。南極での越冬の可能性が生まれてきたとの観測隊長の判断だった。25日に氷原に着岸、越冬に必要な資材約150㌧の輸送が終了した2月14日、11人は正式に越冬隊員に任命された。観測隊副隊長の西堀栄三郎(後列左から3人目)が越冬隊長で、当時54歳の最年長。最年少は25歳。医師や技術者など職業はさまざまだった。元々の計画に越冬はなく「資材を残し、全員帰途に就く」予定だったが、その後「現地で十分安全の見通しが立った場合は越冬可」に変わり、日本をたっていた。

1-15 「宗谷」を見送る1次越冬隊

1957年2月15日、越冬隊員11人を残し、「宗谷」は昭和基地沖を離れ、帰途に就いた。甲板で別れの乾杯後、午後0時半、船が離岸。デッキからはテープが投げられ、「蛍の光」が流れた。「来年必ず迎えに来る」。最後まで言葉を掛け合い、越冬隊員たちは旗やヤッケを振って別れを惜しんだ。「宗谷」は汽笛を鳴らし、遠ざかっていった。58年まで1年間、隔絶された世界での初の越冬生活が始まった。この越冬成功が今に至る日本の南極観測の礎となった。

1-16 救出に駆けつけたオビ号

1957年2月28日、「宗谷」救出のため駆け付けた、旧ソ連の砕氷艦「オビ号」(奥)。昭和基地から帰途に就いた直後、「宗谷」は氷に取り囲まれ身動きが取れなくなった。2月18日、日本に「脱出不能」と打電。越冬覚悟の準備に入った。しかし2月28日、救援要請を受け、最新鋭艦だったオビ号が氷をバリバリ割って到着。「あれよあれよと思うぐらい」のスピードとパワーだったという。

1-17　オビ号の先導で危機脱出

1957年2月28日、旧ソ連の砕氷艦「オビ号」（左）に救出された「宗谷」。接近してきたオビ号は「宗谷」のところまで来ると反転。「宗谷」を先導し、氷海からの脱出に成功させた。「宗谷」の船首ではオビ号に手を振る人も。永田武隊長らはヘリコプターでオビ号を表敬訪問した。南極観測という共通課題の前では戦争の遺恨も冷戦も関係なかった。その後、第4次隊でもオビ号との協力関係が続いた。

第1章-2　第2次観測隊　Second research expedition

1-18 氷海で漂流の「宗谷」

1958年1月、昭和基地から100㌔以上の地点で氷に閉じ込められた「宗谷」。第2次観測隊(永田武隊長、50人)を乗せ、南極に向かったが、57年12月、氷の海で立ち往生して約40日間、氷とともに西へ漂流した。この間、氷の爆破などもしたが徒労に終わり、スクリューも破損。58年2月6日、ようやく自力脱出し、救援に来た米砕氷艦「バートンアイランド号」の先導で南下を試みた。しかし氷の状態は厳しく24日、ついに第2次越冬観測の断念を決定。永田隊長は「刀折れ、矢尽きた」と無念の思いを吐露した。

1-19 1年ぶりの故国の使者

1958年2月8日、「宗谷」から小型機「昭和号」が昭和基地に飛来、生鮮品などを投下していった。第1次越冬隊員は1年ぶりの「故国の使者」に狂喜乱舞。家族の便りをむさぼり読んだ。「宗谷」が基地に接近できず、次期越冬が危ぶまれる中、10〜11日、先に第1次越冬隊員を昭和号で「宗谷」に収容。12日には第2次隊の先遣3人が基地に飛ぶが、「宗谷」と「バートンアイランド号」の2隻に差し迫る氷の危険から2日後には撤収した。これら数回の飛行で、重量制限のなか予備燃料を捨ててまで基地の樺太犬の母子9匹を「宗谷」に運んだ。過酷な気象条件はそれ以上の飛行を許さず、基地には15匹が残された。

第1章-3　第3次観測隊　Third research expedition

1-20 「宗谷」、三たび南極に

1959年1月、昭和基地の沖合約160㌔の氷上に空輸拠点を設営した「宗谷」。第3次観測隊（永田武隊長、37人）は、第2次隊の失敗の教訓から戦略を転換、輸送の主力を雪上車から大型ヘリコプター（積載量1㌧以上）2機に切り替えた。「宗谷」は大改装を施し、大型機用の飛行甲板を設けた。空輸拠点から基地までの飛行時間は1時間強。3度目の南極行となった松本満次船長の号令が下った。「飛行作業にかかれ」。14日、第1便2機が無人の基地へと飛び立った。

1-21 生きていたタロとジロ

1959年1月、無人の昭和基地で1年間を生き抜いた樺太犬のタロ（左）とジロ（中央）。1月14日、空輸初便で基地に飛んだヘリコプターから信じられないような連絡が「宗谷」に入った。「犬が2匹生きていた」。どの犬かまでは分からなかった。第1次越冬隊で犬係だった北村泰一・第3次隊員が基地に飛ぶ。2匹はまるまると太っていたが、「おまえはタロか」「ジロか」と呼びかけると尾を盛んに振るなどして反応、感動の再会を果たした。北村隊員の胸に「熱いものがこみ上げた」。兄弟の2匹は残された15匹の中で最も若かった。2匹の奇跡的生存は世界的なニュースとなり、日本中に大きな感動をもたらした。

1-22　海氷の切り出し

1959年1月、「宗谷」近くの海氷をチェーンソーで切り出し、手渡しで運び入れる。船にとって水は命。航海日数が長くなると、真水タンクでは足りなくなってくる。雑用水には「宗谷」近くの海氷を使った。解かすともちろん塩分を含んだ水になる。海氷は船内の風呂水にも利用された。

1-23　「宗谷」からの荷降ろし

1959年1月、食料が入った一斗缶（容量約18リットル）を手渡しで「宗谷」から降ろす乗員たち。大型ヘリコプターは飛行甲板と、「宗谷」付近の海氷上につくられたヘリポートから飛び立ち、荷をつり下げて昭和基地に向かった。2月3日までの間に58回飛び、輸送量は約57トンに達した。空輸作戦は大成功を収めた。

1-24 基地の郵便局

1959年1月、昭和基地にできた「宗谷船内郵便局昭和基地分室」で年賀郵便の消印を押す第3次隊員。押印しているのは、れっきとした郵政省(当時)付属機関から参加の隊員。設置は「宗谷」接岸中の期間限定だった。昭和基地の消印は人気を集め、この時は日本から約17万通が「宗谷」に預けられた。郵便物は2月に基地を離れた「宗谷」が日本に持ち帰り、半年遅れで配達された。

1-25 3次越冬隊との別れ

1959年2月、「宗谷」に戻るヘリコプターに手を振る第3次越冬隊員。1年間、無人だった昭和基地の建物はほとんど無傷で残り、第1次隊が残した燃料や食料も使えた。空輸分も追加され準備が整い、2月、第3次越冬隊(村山雅美隊長、14人)が越冬入りした。新たに連れてきた3匹の樺太犬も加わり犬は5匹に。越冬中、雪上車による大陸内陸部調査や、人と犬でそりを引いての白瀬氷河探索などを行った。第3次隊により日本の南極観測は息を吹き返し、命脈を保った。

1-26 ブリザード

1959年1月、昭和基地から百数十㌔沖に停泊する「宗谷」近くで発生したブリザード(雪あらし)。ブリザードは強風だけでなく、降雪や飛雪で視界が悪くなるのが特徴で、時には1㍍先すら見えない。方向感覚だけでなく、どこが地面でどこが空かも分からなくなり非常に危険だ。昭和基地では1年に平均で25回、50日程度は吹き荒れ、"外出禁止令"も出る。基地の最大風速の記録は2009年2月の47.4㍍。

第1章-4　極点到達　Reaching South Pole

1-27　福島隊員が殉職

1960年10月、第4次越冬隊の福島紳隊員（当時30歳）は、ブリザード（雪あらし）が続く中、作業で外に出て行方不明に。懸命に捜索したが見つからず死亡と認定、観測隊初の犠牲者となった。昭和基地には追悼の石積み「福島ケルン」が建立された。遺体は68年2月、基地から数㌔離れた西オングル島で見つかった。ここにもケルンが積まれた（写真）。両ケルンとも隊員が安全を誓う場となっている。基地のケルンは南極条約議定書で「南極史跡記念物」に指定。大陸上の「やまと山脈」の最高峰（2494㍍）は福島岳と命名された。

1-28　「宗谷」、4度目の南極

1960年1月中旬、氷上の第2空輸拠点に停泊する「宗谷」。第4次南極観測隊(立見辰雄隊長、36人)は59年10月、「宗谷」で東京を出港。60年1月2日、昭和基地から約70㌔の定着氷縁からヘリコプターによる空輸を開始した。ここから移動して16日には氷上に第2空輸拠点を設置、輸送を続けた。輸送量は計約150㌧。雪上車も使用した。18日、第4次越冬隊(鳥居鉄也隊長、15人)が越冬入りした。

1-29　竹やり戦術

1960年1月、昭和基地に向かう「宗谷」の周りの氷塊を竹ざおで船尾に押しやる乗員ら。「宗谷」の旋回性能は低く、氷の間の水路をスイスイと縫っていくのは困難だった。「竹やり戦術」と名付けられた奮闘で徐々に進むことができた。

1-30　雪上車も奮闘

1960年1月、昭和基地までの氷上の悪路を、物資を積んだそりを引いて慎重に進む雪上車。第4次隊では輸送でヘリコプターと雪上車の両面作戦を展開した。1月4日、3台が基地まで約100㌔の道のりを18時間以上かけ走破。15㌧を輸送した。雪上車はその後も活躍し、基地の増改築に必要な物資の輸送ができた。第4次隊ではオーロラ棟、冷凍庫などが増設された。

1-31 「ふじ」就航、観測再開

1965年12月、昭和基地に向け氷海を航行する新観測船「ふじ」。56年に始まった南極観測はそもそも、国際地球観測年(57〜58年)に合わせた臨時の事業だった。「宗谷」の修理コストや空輸に不可欠なヘリコプターのパイロット不足も深刻な問題となり、政府は観測の打ち切りを決定、昭和基地は62年に閉鎖された。63年、恒久的な体制の下での再開が決定され、輸送任務も海上保安庁から海上自衛隊に切り替わった。65年7月、「ふじ」がわずか11カ月で完成、砕氷能力テストを行う間もなく、11月、第7次隊(村山雅美隊長、40人)を乗せ東京・晴海を出港した。

1-32 ペンギン接近

1966年1月、昭和基地近くに停泊し、荷降ろし作業が続く「ふじ」の前に立てられた、「危険　ペンギンは立入禁止」の看板。ペンギンは好奇心が強く、次から次へと船に押し寄せてきたが、この看板に隊員たちは大笑いだったという。3日から本格的な空輸を新型の大型ヘリコプター2機により開始。天候も安定し、輸送量は第1次隊の3倍の400㌧以上に達した。

1-33 氷山で淡水確保

1966年1月、大氷山から切り取った氷をそりで運ぶ第7次隊の隊員たち。昭和基地での飲用などに使用した。「白い砂漠」の南極の水事情は意外と厳しい。第7次隊は給水車を持ち込み、湖の水を運んだが、凍結すると利用できない。湾内に浮かぶ氷山まで行ってツルハシなどで砕いて氷を取る作業が不可欠だった。人力や雪上車で運搬、発電機の排熱で解かした。この重労働は、自然に飛雪が入り込むよう工夫された融雪槽が第25次隊で新設されるまで続いた。

1-34　「心臓部」を空輸

1966年1月8日、昭和基地拡張工事の象徴ともいえる最新の発電機がヘリコプターで運ばれた。基地に残っていた古い発電機の2倍以上の出力があり、15日に点火。第7次隊では発電棟など7棟が新設され、延べ床面積は一気に486平方㍍に拡大、恒久基地化にふさわしい幕開けとなった。循環式トイレもでき、基地開設以来、初めて屋内で用が足せるようになった。ヒノキ風呂も設置、居住環境の快適化が図られた。

1-35　基地、4年ぶりに再開

輸送や建設も終盤を迎えた1966年1月20日、昭和基地の再開式が行われた。4年のブランクを経て、再び開けられた地球の「窓」となった。この後、この窓を通して日本は紫外線から生物を守るオゾン層が薄くなり穴が開いたようになるオゾンホールの発見や隕石の大量発見など数々の成果を挙げ、世界をリードする重要な役割を果たしていくことになる。

1-36　憩いの昼食時

1966年1月、建設ラッシュの中でできた昭和基地の「飯場棟」。連日、作業に当たる隊員たちがリラックスした表情で昼食時間を過ごす。室内の両サイドには3段ベッドが設置され、夏の作業期間中、約40人が宿泊できるようになった。従来は夏期の宿泊はテントだった。越冬中は倉庫として利用された。

1-37 「ふじ」初接岸

1966年1月末、昭和基地(陸地左側奥)近くに接岸するため、リュツォ・ホルム湾を航行する「ふじ」。「宗谷」が基地に接近できた距離は最短で20㌔程度だったが、「ふじ」は初めて基地まで約1.5㌔の地点に到達した。南極点旅行のために開発された重量約9㌧の大型雪上車を降ろすには、できるだけ陸地に近づく必要があったためだ。氷の状態は思わしくなく、一時は「雪上車は日本に持ち帰る」という意見も出たが、27日、無事に接岸、陸揚げされた。

1-38 「ふじ」離岸

1966年2月1日、第7次越冬隊(武藤晃隊長、18人)が越冬入りした。同日、昭和基地再開の役目を果たした「ふじ」が基地近くの「氷の波止場」を離岸し、越冬隊に別れを告げた。越冬中の最大の出来事は基地で初めてとなった手術。11月、隊員が虫垂炎となり、通信棟で医師でもある武藤隊長が執刀した。リンゴ箱を重ねただけの急ごしらえの「手術台」だった。

1-39　南極点到達、白瀬の夢を果たす

1968年12月19日、第9次隊の内陸調査旅行隊（村山雅美隊長、11人）が雪上車3台で日本隊として初めて南極点に到達した。昭和基地の対岸を出発後、氷点下60度、標高3800㍍の氷原を越え、約2500㌔を83日で踏破。探検隊を率いて1912年、南緯80度で引き返した白瀬矗の夢を果たした。直前に全員散髪して体の汚れも雪で落とし、「正装」でこの日を迎えたという。雪上車の上で、極点にある米国のアムンゼン・スコット基地の隊員と記念撮影した。

第2章　「拠点」観測船と観測基地
Base: Research Ship and Station

　観測船はこれまでに4隻が代を継ぎ、その大型化とともに基地も拡充、強化されてきた。

　初代観測船の「宗谷」(基準排水量2497㌧)は数奇な運命をたどった。商船から旧日本海軍の特務艦となり、魚雷攻撃や空襲を受けながら奇跡的に生き延びた。戦後は兵員引き揚げ船、そして灯台補給船に。1955年、その耐氷構造が着目されて観測船として白羽の矢が立った。改造のためのドック入りは56年3月。突貫作業で改造し、11月の第1次観測隊出発に間に合った。輸送能力に限界があり、昭和基地の当初の建物は4棟。トイレも屋外だった。燃料節約のため夜間は発電機を止め、入浴も月1、2回だったという。

　65年就航の「ふじ」は基準排水量5250㌧で「宗谷」の約2倍、輸送能力もアップした。建設資材も多く積めて昭和基地の棟数は一気に増え、循環式トイレも設置。観測機器も充実し、オーロラ観測ロケットの打ち上げに成功、コンピューターも導入された。70年には2番目の拠点として大陸内陸部にみずほ基地ができた。

　「しらせ」は連続して厚さ1.5㍍の氷を割って進める世界屈指の砕氷船として83年に就航した。基準排水量は1万㌧を超え、輸送能力も「ふじ」から倍増した。これにより日本の観測網は広域化。85年に隕石探査などの拠点となる「あすか基地」、95年には標高約3800㍍地点に、過去の気候変動などを探るための氷床コア掘削拠点として「ドームふじ基地」が設置された。93年には通信、医療など主要機能を集約した昭和基地の司令塔「管理棟」が完成した。

　2003年、「しらせ」後継船の予算化をめぐり、財政難から財務省が難色を示し、南極観測は中断の危機に立たされた。結局、設計費が計上されたが、建造は遅れることになり、08年の第50次隊はオーストラリアの観測船で南極に向かった。

　09年、その後継船は先代の名を受け継ぎ2代目「しらせ」(基準排水量1万2500㌧)として就航。汚水浄化処理機能などを備えた「エコシップ」で、船首に散水装置を設けて砕氷性能を高めた。積み荷もコンテナ方式となり、積み降ろしは容易になった。

　現在、昭和基地の建物は約70棟。第1次隊で食堂として使われた棟も歴史的記念物として残されている。化石燃料への依存を少しでも減らそうと、太陽光、風力エネルギーも利用している。

1956年	3月	「宗谷」の改造作業スタート、10月完工
	11月	「宗谷」が第1次隊を乗せ東京出港
1962年	4月	「宗谷」が第6次隊を乗せ東京帰港。以降、「宗谷」は巡視船に
1965年	11月	「ふじ」が就航、第7次隊を乗せ東京出港
1970年	2月	オーロラ観測ロケット打ち上げ
	7月	みずほ基地開設。現在は閉鎖中
1979年	1月	NHKが世界初の南極からのテレビ生中継
1981年		昭和基地に初めてコンピューター導入
1983年	11月	初代「しらせ」就航、第25次隊を乗せ東京出港
1985年	3月	あすか基地開設。現在は閉鎖中
1993年	2月	昭和基地に管理棟が完成
1995年	2月	ドームふじ基地開設
2004年		昭和基地にインテルサットアンテナ設置。観測データのリアルタイム送受信とインターネット使用が可能に
2008年	12月	オーストラリアの観測船で第50次隊が同国を出港
2009年	11月	2代目「しらせ」が就航

第2章-1　初代観測船「宗谷」の時代　Era of first research ship Soya

2-1　1959年2月の昭和基地

日本の南極観測の拠点である昭和基地は1957年、たった4棟の建物から始まった。同年1月に「宗谷」が接岸した定着氷上から20㌔離れた東オングル島に物資を輸送し建設した。東オングル島は平たんな岩に覆われ、インド洋側に面したリュツォ・ホルム湾の南極大陸から西4㌔に位置している。周囲の海は通年海氷に覆われ、砕氷船でなければ接近できない。内陸にあるドームふじ基地、みずほ基地などへの物資輸送の拠点でもある。

図1　世界各国の主要な観測基地
南極には世界各国の観測基地がある。現在、約30カ国が観測をしており、そのうち越冬基地を設けて通年観測をしているのは20カ国、越冬基地の数は約40である。日本の観測基地は昭和基地に加え、みずほ基地、ドームふじ基地、あすか基地。ほかの国では例えばアムンゼン・スコット（米）、ノボラザレフスカヤ（ロシア）、中山（中国）、ハリー（英）などがある。

2-2　東京湾を航行する初代観測船「宗谷」

1957年10月、東京湾を航行する「宗谷」。基準排水量2497㌧。38年に耐氷貨物船として建造。戦後は兵員引き揚げ船などとして使用され、50年に海上保安庁の灯台補給業務用の船になった。南極計画に日本の参加が決まると改造予算や耐氷構造から観測船として白羽の矢が立ち、56年11月の第1次観測隊出発を前に、同年3月から突貫作業で改造された。砕氷能力の限界から、第2次観測隊では基地近くに接岸できず、観測と越冬を断念。59年の第3次観測隊からは大型ヘリコプターを搭載し、基地近くに接岸できない場合でも物資輸送を可能にした。62年4月引退。現在、東京の「船の科学館」に係留されている。

第2章-2　2代目観測船「ふじ」の時代　Era of second-generation research ship Fuji

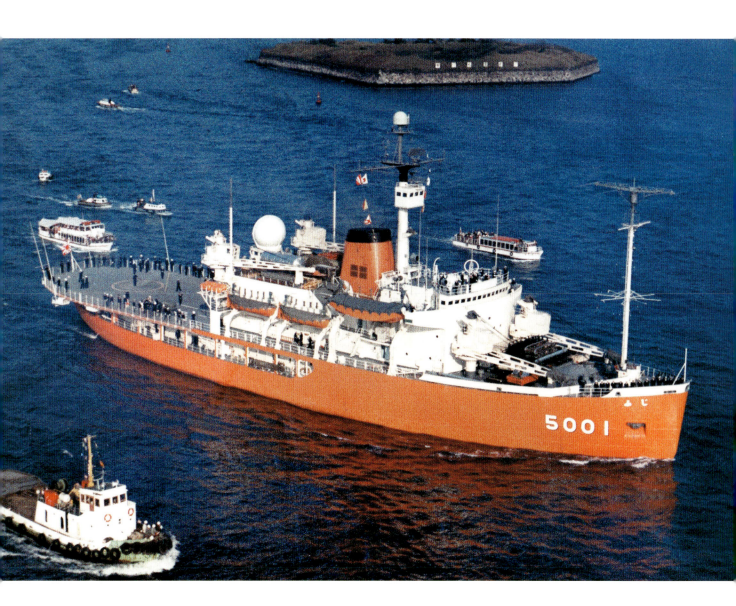

2-3　2代目観測船「ふじ」

1967年11月25日、見送りの船に囲まれて東京・晴海埠頭から出港する「ふじ」。65年11月、「宗谷」に続く2代目観測船として就航。基準排水量5250㌧。南極観測を第7次観測隊で再開するにあたり建造された。0.8㍍の氷を連続して割ることができるなど砕氷能力が2倍ほどに向上。輸送能力も大幅にアップし、大型ヘリコプター2機、大型雪上車なども搬入できるようになった。そのため、内陸深くまでの調査や、南極点往復調査、みずほ基地での通年越冬などが可能となった。

2-4 「ふじ」からの物資輸送

1967年1月20日、昭和基地近くの氷上に停泊した「ふじ」と大型タンクを運ぶヘリコプター。厚い定着氷などに阻まれ、昭和基地のあるオングル島に直接たどり着くのは砕氷船でも容易でない。そのため、できる限り近くの氷上に接岸し、そこからヘリなどで1年分の食料や観測機材を搬入する。基地での電気や暖房に使う軽油は、ドラム缶のほか、パイプラインを使って基地に送り込む。基地には大型のタンクが設置されており、越冬するため大量の軽油を備蓄する。発電機は「宗谷」時代の倍以上の能力になった。

2-5　昭和基地で進む建設

1967年1月22日、昭和基地で進む建設作業。観測船の積載量が増えてたくさんの建設資材を運べるようになったことで、建物の数は増え、大型のものも目立つようになった。

2-6　1968年2月の昭和基地

観測船の大型化に伴い、昭和基地の建物の数と規模は一気に拡大した。67年には高床式の観測棟、68年には発電棟、鉄筋コンクリート基礎の居住棟も建設された。基地開設当初の57年は4棟178平方㍍だったが、「ふじ」最後の年である83年には、41棟、4359平方㍍となった。

2-7　雪に埋まった「みずほ基地」

1997年12月、昭和基地から南東約270㌔の位置にあるみずほ基地。70年7月、「みずほ高原」調査の拠点として標高2240㍍の地点に開設された。周囲の年平均気温は昭和基地よりも20度近く低く、氷点下30度を下回る。

2-8　みずほ基地内部のようす

みずほ基地は開設後6年ですっぽりと雪に埋まってしまった。内部は天井の雪の薄い部分が太陽の光を通して青く見える。基地は、住居棟、観測棟などと雪洞部分からなるが、現在は無人基地で、内陸への中継点として利用される。1983年1月撮影。

第2章-3　3代目観測船「しらせ」の時代　Era of third-generation research ship Shirase

2-9　3代目観測船「しらせ」

1999年11月14日、第41次観測隊を乗せ、東京・晴海埠頭から昭和基地に向け出航する「しらせ」。83年11月就航。基準排水量1万6100㌧。2代目観測船「ふじ」では昭和基地付近に接岸できないことが多かったため、厚さ3㍍までの砕氷能力を持ち、厚さ1.5㍍の海氷を3㌩で連続砕氷できるよう設計された。当時世界最大級の砕氷船で1000㌧の資材などを積載。以降、あすか基地、ドームふじ基地、3階建ての昭和基地管理棟などの建設が進む。発電機の能力も就航の年に「宗谷」時代の10倍に。「しらせ」は引退後、財団法人の所有となり、千葉県・船橋港に係留されている。イベントなどの際には見学もできる。

2-10　南極第3の基地「あすか」の観測棟

完成間もないあすか基地観測棟。1985年3月、昭和基地から西に約670㌔のクイーンモードランド地域の氷床上に、隕石探査などの拠点として開設された。標高約980㍍にありながらブライド湾から約155㌔と海に近い。ブリザード（雪あらし）の日数が多いが、気温はみずほ基地に比べ高く、年平均気温は氷点下約18度。

2-11　ドームふじ基地

1996年1月12日のドームふじ基地。95年2月、昭和基地から約1000㌔、富士山とほぼ同じ標高約3800㍍の地に、過去の気候変動などを探るための氷床コア掘削拠点として開設された。周囲の平均気温は氷点下約54度、最低気温は氷点下80度近く、昭和基地から雪上車でも3週間かかる。現在は観測機器の保守のため、不定期に隊員が訪れている。17年12月、ドームふじ基地より内陸で、将来の氷床掘削地点調査を開始した。

第2章-4　4代目観測船「しらせ」の時代　Era of fourth-generation research ship Shirase

2-12　暴風圏を行く「しらせ」

南極海の暴風圏でうねりの中を進む4代目観測船「しらせ」。波は10㍍を超えることも珍しくなく、連日、大波が船のブリッジまで押し寄せる。船体は、前後左右上下に大きく揺れ、船酔いに悩まされる隊員も多い。荷物などは、崩れないように事前にロープなどで固定しており、いすや机なども固定されている。南極大陸が近づくにつれ、氷が張っている海面が多いため、揺れは収まる。

2-13　「しらせ」の雪かき

雪が降りしきる中、「しらせ」の船首側の甲板が凍結しないように雪かきをする乗組員の海上自衛隊員。船尾側の甲板はヘリコプターが発着できるように広くなっており、天気が良いときは乗員や観測隊員らがジョギングなどの運動をする場にもなっている。2017年2月21日撮影。

2-14　南極海を進む4代目観測船「しらせ」

2016年12月28日、船首から水をまき砕氷しながら、昭和基地近くの氷が張った海を進む「しらせ」。先代の名を受け継ぎ、09年11月に就航。基準排水量1万2500㌧。汚水浄化処理機能などを備えた「エコシップ」で、荷物もコンテナ方式となり、積み降ろしが容易になった。船首に散水装置を設け砕氷性能を高めた。

2-15　昭和基地管理棟と最初期の建物

2017年2月の昭和基地。左の管理棟は1993年に完成、分散していた食堂棟、医療施設、通信施設など基地の中枢機能を1カ所に集約した。3階建てで延べ床面積は当時約720平方㍍。中心部は吹き抜けの階段室で、頂上部のドームから日光が差し込む。1階は機械室と倉庫、2階は手術室などの医療施設とバーもある娯楽室。3階には食堂と厨房、通信室と隊長室がある。中央のオレンジ色の箱型の建物は、第1次観測隊が建設した昭和基地最初の4棟のひとつ。かつては隊員たちがくつろぐスペースだったが、現在は物置として使われている。

2-16　開設60年を迎えた昭和基地

2017年1月、開設60年を迎えた昭和基地。建物約70棟、延べ床面積7479平方㍍。1957年当時の4棟178平方㍍から、南極指折りの大規模基地のひとつになった。冬期約30～40人、夏期約90～100人が滞在できる。基地は隊員らが生活する「居住棟」、観測を行う「観測棟」、発電を行う「発電棟」などに大きく分かれている。現在では、床暖房があるなど快適な住環境が整備されている。赤、青、黄などカラフルに塗られているのは、吹雪のときでも認識しやすいようにするため。小型無人機から撮影。

第2章-5　基地のインフラ　Infrastructure

2-17　「しらせ」から延びたパイプライン

2006年12月23日、昭和基地から約700㍍の陸続きの定着氷に接岸した3代目観測船「しらせ」からパイプラインを敷設する乗組員。昭和基地で発電などに利用する1年分の軽油は、毎年「しらせ」が運んでくる。基地近くに停泊した「しらせ」からパイプラインで基地のタンクまで送油する。「しらせ」が基地近くに接岸できず、ヘリコプターなどで輸送しなければならないこともある。

2-18　昭和基地の発電機

発電機のトラブルは観測と生活に大きな支障を生じさせるため、日々の点検が欠かせない。2017年1月撮影。現在の発電能力240㌔㍗は基地開設当初の15倍。

2-19　南極のゴミ

1997年2月17日、開設40周年を迎えた昭和基地近くに山積みにされた雪上車などの大型機械類や金属ごみの山。南極では大型ごみの処分方法がないため、取りあえず置かれた廃棄物は、積もり積もって巨大なごみの山と化していた。「環境保護に関する南極条約議定書」が批准されることになり、この年から撤去作業を開始、ごみの山は姿を消した。現在は南極で出たゴミは「しらせ」で持ち帰る。

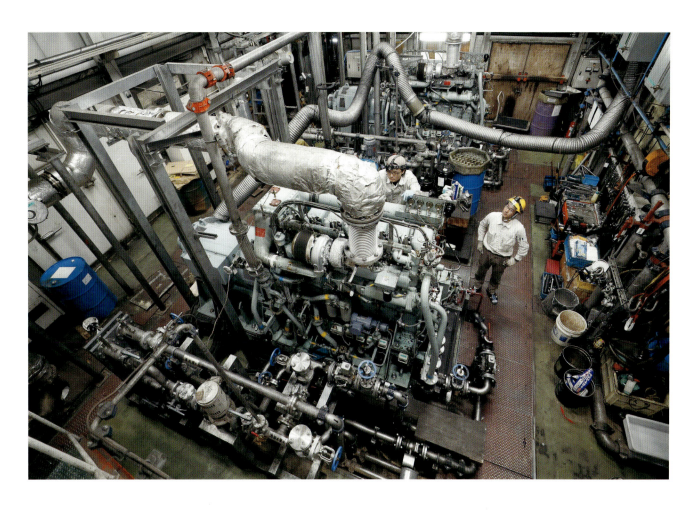

53

2-20 風力発電装置
昭和基地に設置された風力発電装置。南極でも自然エネルギーの活用が進められている。2017年2月撮影。

2-21 昭和基地の太陽光パネル
昭和基地の太陽光パネル。南極の年間積算日射量は日本国内とほぼ同じ。冬期の5月下旬から7月中旬にかけての約1カ月半から2カ月間は太陽が出ない「極夜」となるが、12月から翌年2月にかけての夏期には太陽が沈まない「白夜」がほぼ同じ期間続く。2017年2月撮影。

第3章 「生活」隊員たちの一年
Life: Diverse Phases of Yearlong Antarctic Life

観測隊（夏隊約40人、越冬隊約30人）に選ばれ12月、昭和基地に到着すると、待っているのは工事の毎日だ。南極の夏は短く、停泊した「しらせ」が帰るまでの約2カ月の間、一日も無駄にできない。建物の新設やインフラ整備など作業メニューは多彩。朝、夏期隊員宿舎前でのラジオ体操後、班ごとに現場に散り、セメントづくりにはじまる各工程をこなす。

建設、電気関係のプロは一握りで、ほとんどが研究者や官庁職員といった素人集団。クレーンの操作も調理師だったりして、国内で免許を取得、慣れない作業に当たる。白夜のなか、夕食後の残業も。宿舎は2段ベッド、相部屋だ。基地要員とは別行動でドームふじ基地などで観測を行うチームもいる。

2月1日になると、前年から越冬してきた隊と「越冬交代式」を行い、基地の主役は入れ替わる。宿舎も、基地中心にある管理棟と通路でつながる「居住棟」に移り個室に。床暖房があり、トイレも温水洗浄式だ。管理棟にはバーや、カップ麺が積まれた「ラーメン横丁」もある。

2月半ばになると「しらせ」は夏隊と前年の越冬隊を乗せ帰途に就き、残った隊員の越冬生活が始まる。日が昇らない極夜もある冬、基地の維持管理は大切な仕事だ。医療などそれぞれの担当業務のほか、当直が回ってくると配膳や風呂そうじなど休む間もない。

単調になりがちな越冬生活に花を添えるのが各種の行事。造花による「花見」に氷山を利用した流しそうめんなど、日本の四季に合わせた趣向が凝らされ、隊員のメンタル面の支えとなっている。中でも最大の行事が6月の冬至の日に行われる「ミッドウインター祭」。他国の越冬基地とお祝いメッセージを交換、調理隊員が腕によりをかけて豪華なコース料理をふるまう。この頃になると当初持ち込んだ生野菜は底をついてくるが、基地には水耕栽培室もあり、南極産の野菜が食卓を彩る。

次期隊と交代し、日本に帰るのは翌年3月。ほぼ1年半の「長期出張」が終わる。

女性の観測隊初参加は1987年。初の越冬隊員は97年で、2018年出発の第60次隊では初めて女性が副隊長に決まった。

観測隊の日課（夏期）		観測隊の一年	
6時半	起床	11月	航空機でオーストラリアへ
6時45分	朝食		「しらせ」でオーストラリア出発
7時45分	体操、安全朝礼	12月	昭和基地到着
8時	作業開始		
10時	中間食	翌年	
12時	昼食	2月	越冬交代式で前隊と交代
13時	作業再開		「しらせ」、夏隊員らを乗せ昭和基地を出発
15時	中間食	6月	ミッドウインター祭
19時	夕食	12月	次期観測隊が「しらせ」で到着
19時45分	ミーティング、入浴、洗濯		
23時	消灯	翌々年	
		2月	越冬交代式で次隊と交代
			「しらせ」で昭和基地を出発
		3月	オーストラリア入港
			航空機で帰国

第3章-1　衣食住　Clothing, food and housing

3-1　ひげにつらら

1996年1月24日、南極ドームふじ基地での氷点下35度の屋外作業中、吐いた息がひげに凍り付いて、つららのようになった隊員。ドームふじ基地は、南極の中でも極寒の地域にあるため、このような現象が起こる。隊員の中には、ひげをそらずにいる人も多く、屋外では日よけのサングラスにひげというスタイルが一般的だった。

3-2 ロープを伝う隊員

2011年1月27日、昭和基地で、強風の中、ロープを伝い移動する隊員。基地ではブリザード(雪あらし)が頻繁に襲ってくるが、その間も観測を続けなければならないことがある。離れている建物に移動する際には、建物間に張られたロープを伝って移動する。数㍍先も見えないぐらいの白一色のホワイトアウトで、基地内でも遭難する恐れがある。いわば命綱でもある。

57

3-3　基地の個室
越冬隊員が寝泊まりする昭和基地の部屋。2017年1月撮影。

3-4　南極料理人
2017年2月、昭和基地の厨房(ちゅうぼう)で食事の準備をする調理担当の隊員たち。

3-5　"昭和酒場"の夜は更けて
昭和基地にあるバーでくつろぐ隊員たち。バーテンダーも隊員が務める。グラスに南極の氷を落としてお酒を注ぐと、太古の空気が詰まった氷の気泡が、パチパチと音をたててはじける。2017年2月8日撮影。

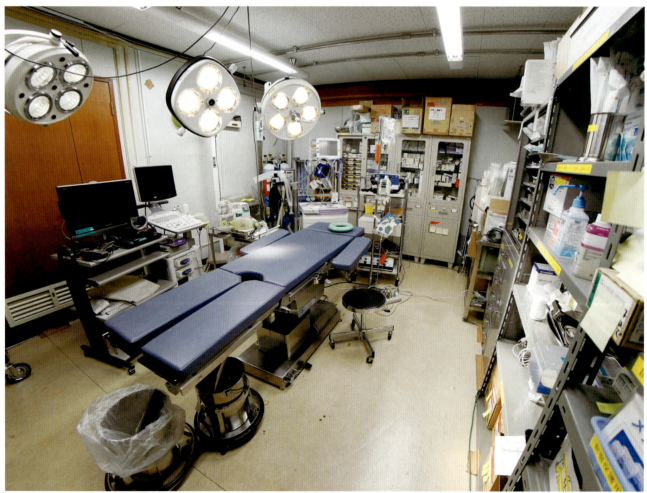

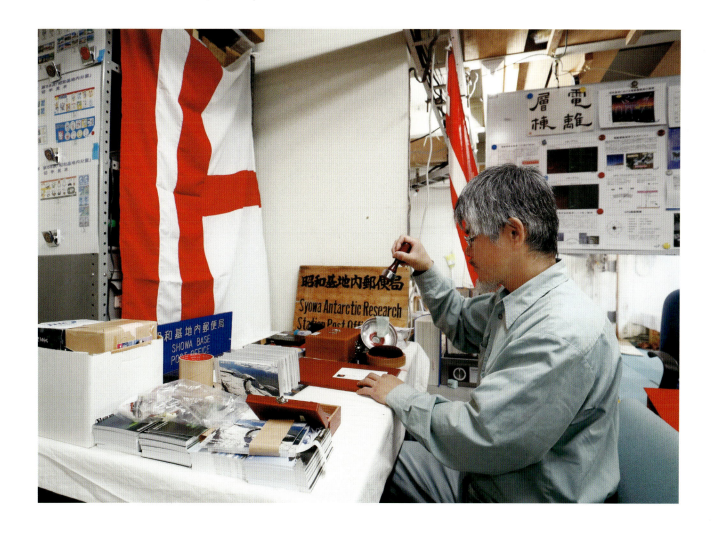

3-6　基地の医師
2017年2月、昭和基地の手術室で、医療器具の整理をする第58次隊医療担当の隊員。

3-7　基地の手術室
昭和基地の手術室。日本国内の病院とテレビ電話をつないで医療相談をする設備も備わっている。2017年2月撮影。

3-8　基地の郵便局
昭和基地にある"郵便局"。正式名称は「銀座郵便局昭和基地内分室」。日本郵便から辞令を受けた観測隊員が消印や記念のスタンプを押す。手紙は「しらせ」で日本まで運ばれるので、昭和基地で年賀状を書いても届くのは4月になる。2017年2月撮影。

第3章-2 "季節"を彩る　Marking seasons

3-9　雪上車の中でクリスマス

1995年12月25日、昭和基地から、南極氷床の頂上にある「ドームふじ基地」まで往復2000㌔を移動する旅行の初日に開かれたクリスマスパーティー。南極でも正月やクリスマスは楽しい季節だ。年末には餅つき、クリスマスもパーティーで祝う。正月の食事にはおせち料理、クリスマスにはケーキや大きなチキンも出る。

3-10 南極でバーベキュー

1998年1月16日、昭和基地から南へ約1000㌔、大陸氷床の標高約3800㍍にあるドームふじ基地で、バーベキューを楽しむ隊員。楽しみは食事以外にあまりないとされる南極で、たまには屋外でバーベキューをする。隊員が飽きないよう、料理人は食事にさまざまな工夫をしている。ドームふじ基地は、気温が低く空気が薄いため炭に火を付けるのは一苦労だ。

3-11　昭和温泉

1996年2月11日、昭和基地に特設された"昭和温泉"。南極では飲料水は氷を解かして利用する。洗濯などに使う水も同様。大量の氷を解かす必要があるお風呂は、貴重である。基地内に設置されている風呂とは別に、露天風呂を作ったこともあった。南極で露天風呂につかる気分は何とも言えない。

3-12　昭和基地上空に揚がる連だこ

2010年2月9日、南極の空に揚がる連だこ。日本初の南極探検家、白瀬矗(のぶ)が探検に出発してから100年を記念し、出身地秋田県にかほ市金浦の子どもたちが制作。託された同県出身の隊員らが揚げた。

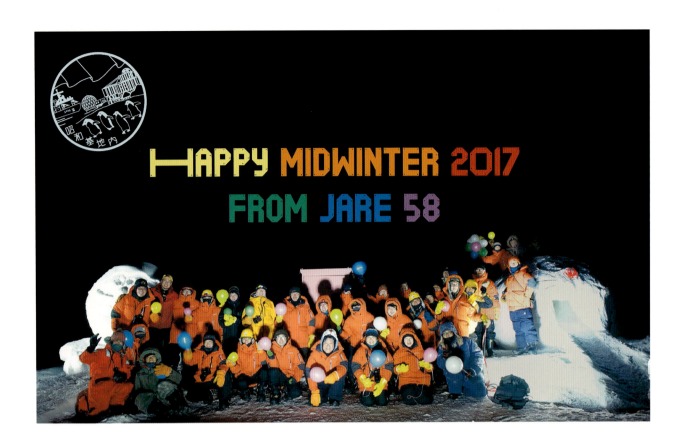

3-13　ミッドウインター祭のグリーティングカード
昭和基地では、太陽が出ない極夜期の折り返し点である冬至の前後に「ミッドウインター祭」を開催する。太陽が出ない日が5月下旬から7月中旬にかけて約1カ月半から2カ月間続く中、越冬隊員の気持ちを盛り上げる重要なイベントの一つだ。雪像を作ったり、基地内には屋台ができ、食事にはフランス料理のフルコースが振る舞われることも。南極にあるほかの国の基地でも同じような祭りが催され、基地間でグリーティングカードが交換される。

3-14　次期観測隊を出迎え
2016年12月23日、昭和基地に到着した第58次観測隊を、横断幕を手に出迎える第57次越冬隊員ら。

3-15 基地に響く除夜の鐘

2017年1月1日、昭和基地で、ガスボンベを切って作った除夜の鐘を突く観測隊員。撮影は年が明けた
ばかりの午前0時すぎだが、白夜のため、空は明るい。

3-16 基地の鏡餅
昭和基地に飾られた鏡餅。季節感を演出し、単調になりがちな日常に彩りを添える。2016年12月31日撮影。

3-17 昭和基地の正月
新年を迎えた昭和基地で、色とりどりの豪華な料理を前に乾杯する隊員たち。一日中太陽が沈まない白夜の時期に、少しでも季節感を出そうと調理担当の越冬隊員が腕を振るった。2017年1月1日撮影。

3-18 基地開設60年を餅つきで祝う
昭和基地開設から60年の日を餅をついて祝う隊員たち。「よいしょ！」の掛け声が賑やかに響いた。2017年1月29日撮影。

3-19 南極で成人式

2017年1月6日、昭和基地沖の観測船「しらせ」の前で記念撮影をする、新成人の海上自衛隊員。自衛隊員は「しらせ」の乗員として南極観測をさまざまな面からサポートしている。

3-20 越冬交代式

2017年2月1日、昭和基地で行われた「越冬交代式」で、それぞれの隊旗を前に記念写真に納まる第57次隊と第58次隊の越冬隊員ら。この日から基地の運営が第58次隊に引き継がれた。

3-21 「しらせ」を見送る越冬隊員

2017年2月15日、昭和基地を離れる観測船「しらせ」に向かい手を振る第58次越冬隊員。「しらせ」が去った後は、次の隊が来るまでの約10カ月間、約30人の越冬隊員が基地を守っていく。

3-22 帰国の途につく隊員たち

2017年2月15日、昭和基地(左奥)での任務を終え、帰国の途に就く観測船「しらせ」。基地に残った越冬隊の姿が見えなくなっても、甲板では隊員たちが手を振り続けた。

第4章 「自然」大地と天空
Nature: Earth and Sky

　日本列島の37倍の広大な大地に広がる圧倒的な量の氷。地球上の淡水の90%が氷として南極に存在している。数千万年かけて南極に蓄積した氷、その土台となる岩の大地には、地球の変動の歴史が刻まれている。

　膨大な氷は、地球の気候変動を左右するエネルギーを秘めた塊だ。もし南極の氷が全部解けたら、海面の高さが60㍍も上昇するという。そうなれば、海に近い地球上の大都市は、高層ビルを残してすべて水没し、南太平洋やインド洋の小さな島国は、国土を失うことになる。

　また氷が解けた淡水が南極海に流れ込んで海水と混ざり合うと、塩分濃度が薄まり、海水の比重が下がって海流の動きが変わってしまうかもしれない。南極の氷が減っているのか増えているのか、そして今後どうなるのか、現地観測、衛星観測、そしてシミュレーションなどを通じて監視していかなければならない。

　一方の大地。ドイツの気象学者アルフレッド・ウェゲナーが大陸移動を唱えてから約100年。地球上の大陸は、離合集散を繰り返し今の配置になったことは高校の教科書にも載っている。しかし、これで動きが止まったわけではない。今から2億年くらい前、南極大陸の隣にくっついていたオーストラリア大陸は、現在年間6㌢のスピードで南極から遠ざかっている。やはりお隣さんであったインドは、もっと速いスピードで南極から離れ、アジア大陸に衝突して世界の屋根ヒマラヤを造った。地質学的時間でみると、地球はけっこう騒がしい。南極の大地は分厚い氷に覆われて、そのわずかな顔しか見せてくれないが、実はかつてお隣さんであった南アメリカ、アフリカ、インド、オーストラリアなどと同じ地質学的遺伝子を隠し持っているのだ。

　南極は緯度の関係で太陽高度が低く、そのため地球上では最も寒い場所だ。1983年に旧ソ連のボストーク基地で観測された氷点下89.2度という気温が、地球上で記録された最低気温である。日本の昭和基地は海岸線にあるので、これまでの最低気温は氷点下45.3度だ。

　この低温条件のため、空気層の温度差により屈折率の違いで生じる蜃気楼や、空気中の水蒸気が凍ってレンズの役目を果たすことで太陽の虚像が現れる「幻日」や「太陽柱」などの現象を見ることができる。また緯度の関係で、12月から2月にかけての夏は太陽が沈むことなく、終日地平線間近を転がるように移動する白夜が続く。そして、5月下旬から7月中旬にかけての冬は、逆に太陽の昇らない極夜が続く。

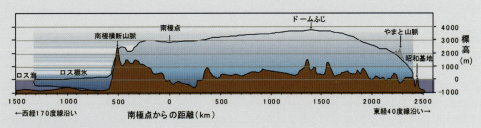

図2　南極の氷床と岩盤
南極大陸は、その表面の97%が氷に覆われているが、氷床の下には巨大な岩盤が横たわっている。地質学的には、南極横断山脈を境にして比較的若い地層から成る西南極と、非常に古い地層から成る東南極に分けられる。

第4章-1　氷と岩の大地　Earth with ice sheet and bedrock

4-1　白瀬氷河末端の氷壁
氷の壁が続く白瀬氷河の突端。南極大陸に堆積し、長い年月を重ねて固まった氷や雪が、ここでは1年に約2㌔の速度でリュツォ・ホルム湾（右側）にせり出している。この湾は厚い氷に閉ざされていることが多いが、2016年4月には大半の氷が沖に流出。観測船「しらせ」が湾内に進入できたことで、この海域で船による広範囲にわたる水温などの観測が実現した。2017年1月22日、小型無人機で撮影。

4-2　南極大陸の山並みと氷山
昭和基地到着を目前に控え、輸送ヘリコプターから望む南極大陸の山並み（奥）と南極海に浮かぶ氷山。進路確認のために必要な氷の状態の偵察飛行で2016年12月17日撮影。ヘリは海上自衛隊所属で、観測船「しらせ」に搭載されている。

4-3 氷山の誕生
リュツォ・ホルム湾の棚氷（右側）から分離する氷山。2017年1月26日撮影。

4-4　風でできたサスツルギ

積もった雪が風によって削られ、「サスツルギ」と呼ばれる独特な雪面模様を形成する。大きなものになると、高低差が1㍍を超える。

4-5　座礁した氷山群

南極・ダンレー岬沖の動かなくなった氷山群。長さ100㌔以上、幅約30㌔にわたって連なっている。浅い海底に引っ掛かって「座礁」したものもあり、海面上の高さは約50㍍にもなる。国立極地研究所の田村岳史准教授の解明により、この氷山群の西側約100㌔四方に広がる氷のない海が、世界の海洋の循環を促す「南極底層水」ができる海域であることが世界に認められた。2017年3月1日撮影。

4-6 氷山のアーチ
南極海にそびえる氷山。天然の巨大な白いアーチは、風と波の作品だ。2017年2月28日撮影。

第4章-2　大気と天空　Atmosphere and Sky

一瞬で白い煙のようになって結氷した。この現象を「お湯花火」と呼んでいる。左から差しているのは太陽の光、右奥は雪上車。1996年1月24日撮影。

4-7　お湯花火

この日、ドームふじ基地周辺の気温は氷点下43.8度。お湯を空気中に投げると一瞬で白い煙のようになって結氷した。この現象を「お湯花火」と呼んでいる。左から差しているのは太陽の光、右奥は雪上車。1996年1月24日撮影。

4-8 ハロー現象

1996年1月4日、昭和基地からドームふじ基地に向かう途中、内陸で見えた「ハロー現象」。大気中の水蒸気が凍ってレンズの役目を果たし、太陽の周りに輪ができる。

4-9 幻日

2004年9月17日、昭和基地で観測された「幻日」。太陽と同じ高さの左右に、太陽のように輝く点が見える。大気中の水蒸気が凍ってレンズの役目を果たし、太陽光が屈折して映し出された虚像だ。

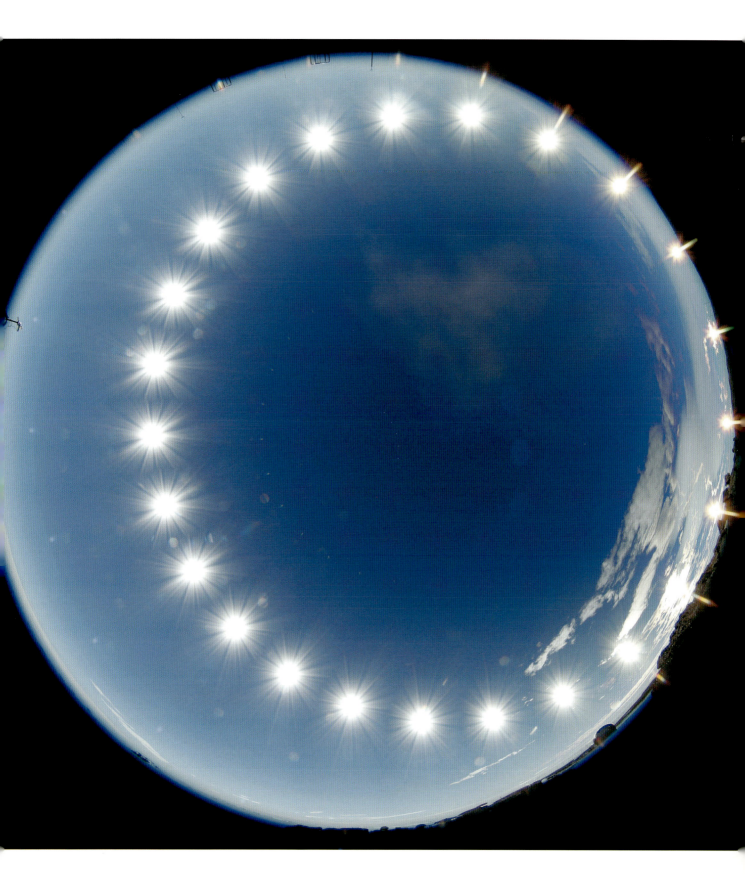

4-10 沈まぬ真夏の太陽

昭和基地の上空で一日中沈まない真夏の太陽。北半球と季節が逆になる南極では、観測隊が到着するころは夏真っ盛り。12月から翌年2月にかけての約1カ月半から2カ月間は太陽が沈まず、夜でも昼間のように明るい白夜となる。地球の軸が傾いているため、緯度が高い極地で起こる現象だ。2016年12月26日午後9時6分から1時間おきに魚眼レンズで撮影した24枚の画像を合成。

4-11　グリーンフラッシュ

2010年12月12日、南極海を航行する観測船「しらせ」から観測された「グリーンフラッシュ」。水平線に太陽が姿を消す瞬間に現れた。日の出や日の入りの瞬間、光の屈折の関係で太陽が緑や青に変色する珍しい現象で、大気が澄んでいることなど、出現にはさまざまな気象条件が必要だ。

4-12 夕日と蜃気楼
南極海の氷山の向こうに沈む夕日。氷山のうち、右の二つは蜃気楼で宙に浮いているように見える。2017年2月28日撮影。

4-13 黄昏時のサンピラー
南極海で日没直後の空に現れた「サンピラー(太陽柱)」。大気中の氷の結晶に太陽の光が反射して発生する現象である。2017年2月19日撮影。

第5章 「生物」極限で生きる
Creatures: Living under Extreme Conditions

酷寒の地、南極にすむ動物たちは極限の環境で暮らしている。

ここ数年、昭和基地沖では海の氷が分厚く張りつめ、観測船「しらせ」の接近を阻んできた。そのため観測隊は物資輸送に相当な苦労を強いられた。燃料や食糧といった大事な物資が昭和基地に届かないと、観測隊員は越冬に入れない。海の氷の状態は、まさに観測隊にとっては死活問題といっていい。しかしこれは人間だけの問題ではなかったようだ。

南極の主、ペンギンたち。彼らは夏の間わざわざ南極にやって来て卵を産み、ひなを育てる。なるべく海岸に近い陸地に営巣地を作り、親鳥はひなのためにせっせと海に潜って餌をとり、巣に戻ってひなに与える。氷が厚い時、彼らは海氷の上を延々と歩いてようやく氷に覆われていない水面を見つけると、そこから海に飛び込む。そして来た道をまた延々と引き返して巣に戻るのだ。

ところが2016年、ちょっとした異変が起きた。海氷が緩み、大きな水面が広がったおかげで、親鳥は巣の目の前から海に飛びこみ、容易にひなに餌を与えることができた。結果として、ひなの生存率や成育率がそれまでに比べてはるかに高かったことが分かった。

南極の氷の消長がどういうメカニズムで起こるのか、いまだ解明されていない。地球温暖化と関わっているのかもしれないし、別の要因が働いているのかもしれない。いずれにせよ、氷の変動がそこに生息する生き物に大きな影響を及ぼすことは現場の観測で明らかになった。南極というローカルな場所であれば、それはペンギンだけの問題かもしれないが、地球という大きな視点に立つと、それは人類を含めた生物全体に関わる問題かもしれない。

5-1 南極海上のユキドリ

南極海上で風を切るユキドリ。ハトくらいの大きさの海鳥。氷を砕きながら進む観測船
「しらせ」と追いかけっこするように飛んでいた。2016年12月19日。

5-2　氷から顔を出すウェッデルアザラシ

2016年12月23日、昭和基地沖に停泊中の観測船「しらせ」の甲板から下を見ると、海氷の割れ目からウェッデルアザラシが顔を出した。

5-3 ナンキョクオオトウゾクカモメ

南極・水くぐり浦で上空からアデリーペンギンのひなや卵を狙うナンキョクオオトウゾクカモメ。翼を広げると1㍍以上になる。アデリーペンギンにとっては天敵だが、トウゾクカモメも同じ時期に子育てをしており、ひなに与える餌が必要。攻守ともに必死だ。2017年1月4日。

5-4 エサをせがむアデリーペンギンのひな

南極・水くぐり浦で、海から戻ってきた親鳥（左）にエサをせがむアデリーペンギンのひな。ひなは産毛の段階では、まだ海に入れない。ふ化から約3カ月たち、灰色の産毛が白黒になったら親離れの時期になる。2017年1月19日撮影。

5-5　基地に現れたアデリーペンギン
昭和基地に現れたアデリーペンギン。人間を警戒しないので、赤ん坊のような足取りでよちよちと隊員たちに近寄ってくることも。体長は約70㌢。JR東日本のICカードのイメージキャラクターのモデルになるなど、日本でもなじみ深い。2017年1月3日撮影。

5-6　ペンギンの群れがお出迎え
昭和基地の約90㌔手前で止まっていた「しらせ」の後方に現れたアデリーペンギンの群れ。100羽以上が列をなして歩く様子に、隊員たちも甲板からカメラを向けていた。2016年12月20日撮影。

5-7 コウテイペンギン

南極大陸沿岸部の雪原に現れたコウテイペンギン。ペンギンでは体が最も大きな種類で、体長約130㌢。2017年2月23日撮影。

第6章 「観測」過去と未来への窓
Observation: Window to Past and Future

「南極は地球と宇宙をのぞく窓」——。南極観測の目的を端的に表現すると、こうなるだろう。宇宙の片隅に太陽系が生まれ、その中で地球が誕生したのが46億年前。その後のさまざまな変動を経て、いま人類がこの地球に存在している。地球の年齢を1年に例えると、人類が誕生したのはわずか3時間ほど前。人間の一生は0.5秒に過ぎない。その人類が、自分たちを含めた地球や宇宙の生い立ちを探り始めたのが科学の始まりだ。

南極では、地球の過去を保存したモノがたくさん見つかる。いわば、地球のタイムカプセルだ。南極大陸を分厚く覆う氷床には、過去の気候変動の記録、たとえば過去数十万年の気温変化や二酸化炭素濃度などがシームレス（途切れない）なデータとして保存されている。南極氷床で大量に見つかる隕石は、地球という天体を作った原材料だ。そこには地球が誕生する以前の太陽系の情報が秘められている。

そして南極大陸の基盤である岩石には、地球という星ができた後の変動の記録が保存されている。地球の生い立ちは、決して平穏なものではなかった。表面までドロドロに溶けていた時代、逆に赤道までカチンカチンに凍り付いた時代、さらに恐竜絶滅の原因とされる突然の隕石の衝突など。こういったタイムカプセルをひもとくことによって、人類は地球の過去の姿を垣間見ることができる。

地球温暖化に代表される環境変動のメカニズムは一体何なのか。大気中の二酸化炭素濃度は、過去30万年の間、約300ppm以下に抑えられてきたが、2016年には400ppmを超えたことが昭和基地での観測でわかった。地球温暖化はさらに加速するのだろうか。一方で、約2万年続いてきた「間氷期」は終わりに近づき、これから地球は寒冷化していくという見方もある。地球はこれから人類をどこに導こうとしているのだろう。その問いへの答えは、われわれ人類にタイムカプセルを残してくれた南極で見つかるかもしれない。

1957年	1月	第1次隊、昭和基地を開設。地球物理、気象、地質の観測・調査を開始
1960年	11月	第4次隊、やまと山脈初調査
1968年9月〜69年2月		第9次隊、昭和基地—南極点往復
1969年	11月	第10次隊、やまと山脈で隕石発見
1970年	2月	第11次隊、ロケット試射成功。7月みずほ観測拠点開設
1976年	2月	第17次隊、オーロラ観測ロケット「S-310JA1」打ち上げ成功
1980年	2月	第20次隊、やまと山脈で隕石3967個採取。88年、98年、99年にも約2000個から4000個に及ぶ大量の隕石を同地ほかで発見
1982年	9月	第23次隊、昭和基地で南極上空のオゾン量の急激な減少を観測。オゾンホール発見のきっかけとなる
1984年	8月	第25次隊、みずほ基地で700.63㍍までの氷床中層掘削に成功
1985年	3月	第26次隊、あすか観測拠点開設。地質、地形、地球物理、気象、隕石等の観測・調査を開始
1995年	12月	第37次隊、ドームふじ観測拠点で2500㍍までの氷床掘削に成功
2007年	1月	第48次隊、ドームふじ基地で3035.22㍍までの氷床掘削に成功、72万年前の氷を採取
2008年〜10年		第49〜51次隊、セール・ロンダーネ山地の広域地質調査
2011年	1月	第52次隊、昭和基地で大型大気レーダー建設開始
2015年	10月	第54次隊、大型大気レーダー完成、本格観測開始
2016年12月〜17年2月		第58次隊、アジアの南極観測未参加国からの若手研究者とともに広域的地質調査
2017年12月〜18年1月		第59次隊、将来の氷床掘削地点調査開始

6-1　気象観測
1957年2月、第1次観測隊により東オングル島の昭和基地に設置された気象観測用の
計測機器。気象観測は、第1次隊から現在まで継続して行われている定常観測の一つ。

6-2　生物実験室
1967年2月10日、昭和基地の生物実験室で作業する隊員。昭和基地周辺の海にはどの
ような生物がいるのか、まずは確認することから始まった。

6-3　やまと山脈調査

1969年、昭和基地から直線距離で約300㌔離れたやまと山脈の地形を調べる隊員。この年、第10次越冬隊が偶然、同地で隕石9個を発見した。昭和基地からやまと山脈までは、みずほ基地を経由して雪上車で約2週間の旅である。

6-4 南極隕石の発見

1969年、やまと山脈の地形、地質調査のための雪上車。調査隊メンバーは第10次越冬隊員10人で、11月1日に昭和基地を出発。この調査で隊員が偶然、隕石9個を発見したことが、その後の南極隕石の大量発見につながった。日本隊の成功をきっかけに、他の国も隕石探査を始めた。現在までに南極で発見された隕石は約4万8000個、うち約1万7000個を日本が採集した。69年以前に南極で見つかった隕石は、わずか6個。南極でこれだけの隕石が見つかるとは世界中の誰も想像していなかった。

6-5　隕石を採集する観測隊員

2013年1月28日、第54次観測隊がセール・ロンダーネ山地南方のナンセン氷原で発見した隕石。隕石は太陽系の惑星と同時に形成され、惑星まで成長できなかった天体の小片で、太陽系の生い立ちや惑星の起源、進化を探る唯一の物質である。南極で隕石が多数採集されるのは、氷床上に落ちた隕石が氷床の流れと共に海に向かい、内陸の山脈周辺部でせき止められ、やがて地上に露出するためと考えられている。

図3 「始原的隕石」の顕微鏡写真
隕石にもさまざまな種類がある。特に「始原的隕石」と呼ばれるグループは、約46億年前に太陽系ができたころの物資をそのままの状態で保持していると考えられている。

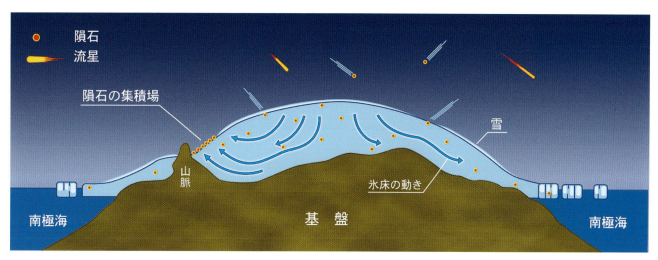

図4 南極隕石の集積の仕組み

6-6　ロケットによるオーロラ観測

1971年8月10日、昭和基地上空のオーロラに向けて、観測機器を積んだ国産のS-210JAロケットが打ち上げられた。全長5.27㍍、高度139㌔に到達した。魚眼レンズで撮影。

6-7　気球によるオーロラ観測
1973年、白夜の昭和基地から飛ばされるオーロラ観測用の大気球。気球は2回飛ばし、夏期は目視できないオーロラ出現時の電波変動データを刻々と送信、観測は成功を収めた。

6-8　オゾンホール
2000年9月に南極上空に出現したオゾンホールの観測画像（濃い青の部分）（NASA＝米航空宇宙局提供）。

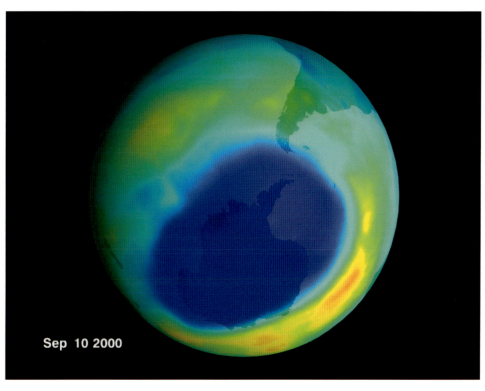

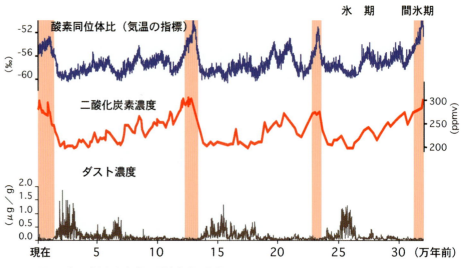

図5 氷に残された気候・環境変動の記録
氷床コアの解析により判明した二酸化炭素（CO_2）と気温変化のグラフ。南極の氷床には、72万年前から現在までの気候・環境変動の記録が保存されている。

6-9 氷雪の中を進む雪上車
1996年1月28日、ドームふじ基地から昭和基地への約1000㌔の道のりを走行する大型雪上車とそり。約3週間かかる。

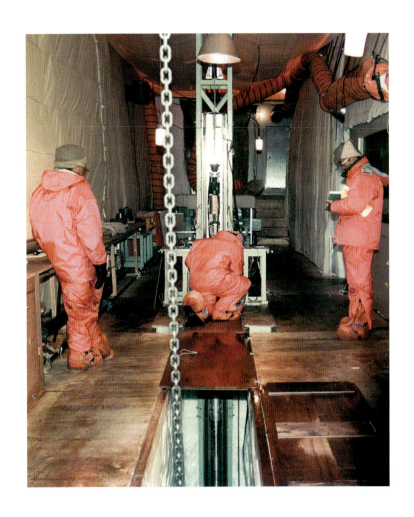

6-10 氷床コアの掘削

1996年1月24日、ドームふじ基地で、ドリルを使って南極の厚い氷を掘削する隊員。氷床から取り出した筒状の氷の柱を「氷床コア」という。氷の中に保存されている大気の成分を分析、過去数十万年の地球規模の気候や環境の変遷を解明する。

6-11 72万年前の氷

2006年4月17日、東京の国立極地研究所で公開された、ドームふじ基地で氷床を3029㍍まで掘削して採取された氷柱。ドームふじの深層掘削は3035.22㍍で完了、その深さの氷の年代は72万年前と判明した。

6-12 バイオロギングで生態解明

背中にビデオカメラを着けたアデリーペンギン（右）と、カメラに映った映像。頭にも動きを調べる装置を着けている。ペンギンやアザラシなどにカメラを装着し、動物の行動範囲や潜水深度、餌の捕り方、頻度など海中での行動を記録。水中に広がる人跡未踏の世界をのぞくことができ、動物の行動についてさまざまな知見をもたらす。この「バイオロギング」と呼ばれる手法は日本が世界に先駆けて開発した。動物への影響を軽減するよう機器の装着方法にはさまざまな工夫が凝らされている。左は2010年12月30日撮影、右は2017年1月4日撮影。

6-13　海の潜水調査

1983年1月6日、海氷で行われた潜水調査。海に浮かぶ氷の底に付着する珪藻類のアイスアルジーなどが調査対象。アイスアルジーは氷の中の窒素やリンを栄養にし、夏になると海底に落ち他の生物の餌になる。

6-14　湖の潜水調査
2017年1月26日、調査のため、南極大陸の湖に潜る隊員。湖の夏場の水温は約4度。

6-15　南極の湖のコケボウズ

2010年1月22日、第51次観測隊が、昭和基地の南約40㌔にある湖沼「長池」で発見した藻類やコケ類などの植物が円すい形になった「コケボウズ」。藻類やコケ類などが集まって徐々に盛り上がって形成されたもので、内部はバクテリアが分解して空洞になっている。

6-16　氷の移動距離観測
2010年1月29日、昭和基地から約20㌔東の内陸部にある観測拠点で、衛星利用測位システム（GPS）を使い大陸を覆う氷の移動距離を観測する隊員ら。

6-17　氷の厚さの観測
2017年1月13日、白瀬氷河の突端から約50㌔上流に設置した、氷の厚さを測る機器の保守作業に当たる隊員。

6-18　大気レーダー「PANSY」
昭和基地では、高さ3㍍のアンテナを約1000本束ねた大型大気レーダー「PANSY（パンジー）」から電波を発射し、上空約500㌔での大気の動きを探る観測が2012年6月より始まった。日本の南極観測史上、最大規模のプロジェクトだ。2016年12月28日撮影。

6-19 南極の岩場を行く
2017年1月15日、リュツォ・ホルム湾の岩場を歩く地質調査チームのメンバー。木や草が生えない南極では数億年前の地層がむき出しになっている。

6-20　地質調査

2017年1月15日、南極大陸の岩場で地質調査をする第58次観測隊の調査チーム。この年の地質調査チームには、南極観測に未参加だったアジアの国々からも若手研究者が加わった。

6-21　岩石の観察

2017年1月15日、南極大陸の岩場で、岩石に含まれる鉱物をルーペで観察する地質調査チームのメンバー。今から2億年ほど前まで南極と地続きだったアフリカやインド、スリランカでも、同じ成り立ちの石を見つけることができる。

図6 ゴンドワナ大陸の復元図
今から2億年ほど前まで、南極大陸は南米、アフリカ、インド、オーストラリアなどとゴンドワナ大陸を形成していた。昭和基地周辺は、スリランカやインドと隣接していたことから、これらの大陸からは同じような岩石や鉱物が見つかっている。

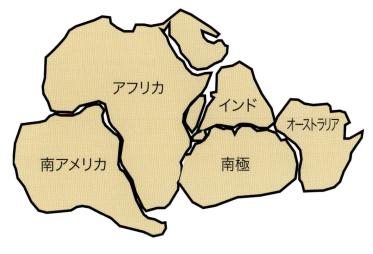

117

6-22　史上初の観測 (pp.118-119)

2017年1月22日、白瀬氷河の突端(右上)付近で、海水の水温や塩分濃度などの観測を行う観測船「しらせ」。昭和基地が面するリュツォ・ホルム湾は通常厚い氷に覆われているが、前年に沖合へ流出したため、この海域で史上初めて船による観測が成功した。小型無人機で撮影。

6-23　「しらせ」上空のオーロラ

2017年2月23日、昭和基地を離れた観測船「しらせ」の上空に現れたオーロラ。帰国の途についた観測隊員と乗組員を見送っているかのようだった。

南極観測事始め
深瀬和巳

「最寒の地」への旅
稲葉智彦

還暦を迎えた南極観測—過去・現在・未来—
本吉洋一

Commentaries on Chapters / Captionsn

南極観測事始め

深瀬和巳
共同通信社元編集局長
第3次南極観測隊員・第7次南極観測同行記者

　南極地域を各国共同で科学観測しようという気運は、1952（昭和27）年、ICSU（国際学術連合会議）が1957～58年に国際地球観測年（極地に関する気象や地磁気などを合同で観測する計画）を実施しようと提唱したことに始まる（1882年8月～83年7月の第1回国際極年、50年後の1932～33年の第2回極年に続くものであった）。

　日本は1955（昭和30）年9月ブリュッセルでの第2回南極会議で南極観測への参加を表明、その結果プリンスハラルド海岸地域での観測を要請された。同年11月に観測参加を閣議決定、永田武東大教授が隊長に任命された。

　朝日新聞社はこの間ICSUなどの取材報道を始め、55年3月には連載「北極と南極」を掲載、さらに学術会議の南極観測正式参加の決定を受け、「本社、南極観測の壮挙に参加、全機能を挙げて後援」の社告を出し、募金運動を始めた。

　当時の国民は、敗戦後の長い占領時代がやっと終わったところで、そこにこの南極に挑む壮大な計画を知り、大いに盛り上がり、募金運動も順調に進んだ。

　当時私は、社会部の科学担当（のち科学部に発展）をしていた。1955年12月6日朝、私は社会部の宿直明けだった。斎藤正躬社会部長が、長谷川広栄記者と私を呼び、「あさって南氷洋捕鯨で大阪港を出る日本水産図南丸船団の冷凍塩蔵船宮島丸に共同通信の記者1名を同乗させてもらうよう交渉してきてくれ」と命じた。私たちは日水本社に行き、図南丸船団への便乗を申し入れた。日水側は直ちに臨時役員会を開いてくれて「同乗OK」の返事をいただいた。

　帰社して社会部長に「便乗OKになりました」と報告した。私はベテランの長谷川記者が行くものだと思っていた。ところが社会部長は「君が行くのだ」と私に言い、「今夜大阪に行き、あすビザなどを受け、あさって出航してくれ」という。入社3年目の私が、こういうことになろうとは予想していなかった。

　翌日夕方、大阪社会部がささやかな激励会を開いてくれた。その次の日の朝はもう出港だ。12月8日は北風の強い日で、六甲おろしの冷たい風が盛大に私を送り出してくれた。

　ところがなんと、観測船「宗谷」の重松達雄機関長と山本順一航海長が、南極海の事前調査のため乗船していた。この2人にくっついておればなんとかなると、前途が明るくなった。

　さらに南極大陸に日本人として初めて上陸した白瀬矗氏の弟の孫という白瀬知和君が、北大の実習生として乗っているではないか。これは縁起がいいわい…と、晴れ晴れとした気持ちで大阪港を南氷洋へ向かって船出した。

　以来115日間、同船団の冷凍運搬船浅間丸、同栄幸丸、モリで鯨を撃ちとるキャッチャーボート第11興南丸と乗り換えながら、全航程2万4000㌔の航海を体験した。この間いくつもの大氷山や海水が凍った厚いパックアイスに初めて接近、砕氷や接岸がいかに難しいかを知った。そして日本隊の前途はきわめて厳しいものだと覚悟して帰国した。

　そのころ国内では隊員候補者の訓練が、濤沸湖や乗鞍岳で行われていた。また共同通信は第1次隊に田英夫さん、第2次隊に吉田基二さんを隊員として派遣することを決めていた。当時の計画では第1次が予備観測隊、第2次が本観測隊と位置づけられていた。

　使用する船舶は、海上保安庁の灯台補給船「宗谷」に決まった。この船は1938（昭和13）年進水、「地領丸」と命名された。40年海軍の特務艦となり、測量などに当たっていた。戦後は復員輸送などに従事したあと海上保安庁所属となり、灯台補給船に改造されていた。

　南極輸送にあたることになった「宗谷」は、横浜の日本鋼管浅野ドックで砕氷能力を持つ輸送船への改造工事を受けた。船側にはバルジを設け、プロペラは2軸とし、色は氷海での識別が鮮明なように船体はオレンジ色、上部構造物は巡視船と同じ白色とし、小型ヘリコプターの発着を可能にした。

　「宗谷」は第6次まで輸送に当たり、そのあと灯台補給船などを経て引退、いまは東京・お台場に係留されている。

　私は第3次の隊員（報道担当）となり、1958年（昭和33）年11月12日に東京港を出発した。第2次隊は厳しい状態の氷に阻まれて越冬を断念、樺太犬を基地に残したまま帰国せざるを得なくなっていた。その犬たちの悲惨な記事を書かねばなるまいと覚悟しての船立ちだった。

　ところがヘリの1番機が基地に着くと、基地に残しておいた犬のうちタロとジロの兄弟犬が生存していたという嬉しいニュースに遭遇した。

　基地に着いてみると、熊のように大きなタロとジロだった。やさしい目をしており、何度も頭を撫でた。東京のデスクは「世界中が続報を待っている。犬の記事をどんどん送れ」と言ってくるのだが、ものを言わぬタロとジロを前にして途方にくれたのだった。

　「宗谷」の老朽化が著しく、昭和基地をいったん閉鎖して、新しい砕氷船をつくって基地を再開することになった。第6次のあと3年ほど休んで、新観測船「ふじ」が誕生、海上保安

庁に代わって自衛隊が輸送を担当と決まった。コースもオーストラリアのフリーマントル経由に変わった。

「宗谷」の経験があり、閉鎖前の昭和基地を知っていることから、私が再び南極へ出かけることになった。報道陣も共同、朝日の記者2人体制にNHKが加わり、テレビカメラマンが登場した。

「ふじ」により輸送力が強化されたので、観測方法は新たに定常観測と研究観測に区別され、観測分野も拡がった。また設営計画も、建物、車両、発電設備等が格段に拡がり、観測棟、通信棟などのほか本格的な発電棟が建設された。初期の南極観測はいつまでやるのか見通しがなく、あくまで"臨時"の体制のままできたのであるが、ここに至り、恒常的な南極観測の体制が整ったのである。基地の拡張と観測はその後着実に進んでいった。

昭和基地で社旗を手にする筆者＝1966年1月

ここで共同通信と南極観測隊との関係を簡単に紹介する。

南極観測の気運が高まるにつれ、共同社内では南極取材・報道をどうするかが、大きな課題となった。その結果、国家予算を伴うプロジェクトであり、新聞界を代表して報道に当たるべきであるとの結論に達し、日本新聞協会や文部省（当時）に申し入れた。

新聞協会は、編集委員会（主要各紙編集局長で編成）を中心に協議し、共同と朝日から各1名を報道担当隊員として採用するように、という結論に達した。

文部省の南極本部はこれを認め、第4次隊で中断するまでこの方式が続けられた。この間一般隊員同様「国家公務員」の身分として参加した。

また取材については1956（昭和31）年10月27日、申し合わせができた。「南極観測隊に関する報道（写真を含む）は本隊の出発後日本に帰着するまでは、本部の発表するものならびに報道隊員の報道したものに限り、その他のものは一切紙面に発表しないこと」。

朝日新聞については、「朝日新聞社が当初から南極観測事業に関係した沿革と背景からみて、一般の理解を補強する程度の内容をもった記事については朝日新聞だけに掲載されるものが多少送られることを認める。ただしその何れに属するのかの区別は、発信に際し永田隊長の良識に基づいて行われ、その区別は文中に明記する。（以下略）」（同年11月14日付）

共同通信は第1次田英夫、第2次吉田基二、第3次深瀬和巳、第4次今在義忠と「宗谷」の時代には4人の記者を派遣している。

基地再開後も南極報道を続け、最も多くの観測隊に記者を送り出している。第7次の深瀬和巳に続いて第8次の坂井定雄、第9次に本多光之、第10次に横川和夫、その後少し間隔をあけて第20次は松本壽、第24次牧野俊樹、第25次兼村博、第37次稲葉智彦、その後も直近の第58次まで断続的に派遣し、南極点には向一陽が2回、横川和夫が1回到着している。

こうした多年にわたる取材の成果が、この写真展で一堂に紹介されている。

「最寒の地」への旅

稲葉智彦
共同通信社編集局総務
第37次南極観測隊同行記者

「初めて」の場所

　南極に行きたい―。ただの妄想と片付けてしまえば、それまでだった。初めは自分の中でもリアリティーがなかった。それなのに、いつの間にかその気になっていた。

　地球の果ての「白い大陸」。面積は日本の約37倍。平均1800㍍を超える厚さで氷が広がり（複数の違う調査結果がある。こう表現するのが良さそうだ）、全て解ければ海面が約60㍍上昇するという（これも同様）。1994年の夏、35歳だった。もう四半世紀近く前のことだ。もとより研究者でもなければ技術者でもない。つまりは年に1度、日本と昭和基地を往復している「しらせ」に南極観測隊の同行記者として乗ることができるかどうか、ということだった。記者の派遣は共同通信だけでなく報道界全体で長らく途絶えていたのだが、翌95年11月に日本を出発する第37次隊での同行取材が実現する。まさに世の中の南極観測に対する関心が薄れていたことも幸いした。逆説的だ（それについてのあれこれは後段に譲りたい）。

南極に向け氷海を航行する「しらせ」船上の筆者＝1995年12月

　私を強く引き付けたもの、それは昭和基地から1000㌔の内陸にある「最寒の地」への好奇心だった。当時、日本の観測隊が進めていたドーム計画だ。南極氷床の頂上に日本が建設した、ドームふじ基地で氷を掘削する（このころは深さ2500㍍を目指していた）。温暖化の危機が指摘される中、その氷から地球環境の変化を解き明かそうという壮大な挑戦だった。標高約3800㍍ということから名前が付いたドームふじは、1983年に史上最低気温（氷点下89.2度）を記録した旧ソ連のボストーク基地より標高が約300㍍高い場所にあるため、越冬中の記録更新が期待されていた。その寒さは、沿岸部にある昭和とは比較しようもない（米航空宇宙局、つまりNASAが、人工衛星による地表面の温度データを分析した結果、南極で2010年に氷点下93.2度が観測されていたことが判明したと発表した。これをどう評価すればいいのだろう。地上観測とは別物という気がするのだが）。

　もう一つ。ドームふじでは前の第36次隊から越冬を始めたばかりで、まだ記者でその地を踏んだ者がいなかったのだ。この稼業、何と言っても「初めて」に弱い。私が同行した夏隊では「最低」はどうしたって無理なのだが、もし記録が塗り替えられれば、文字通り地球最寒の地としてその名を記すことになる。滞在した白夜ばかりの約2週間にも、氷点下50度を記録したことがあった。寒さをいかに伝えるか。ここを離れる直前まで、私はこの一大テーマに腐心することになる。

　日本隊は、何も好きこのんでこの酷寒中の酷寒の地を選んだわけではなかった。分厚い氷床は、ごくわずかに降る雪が解けることなく年々積もり、自重で固まってできた。万単位の長い年月、氷は雪に含まれていた大気を圧縮して閉じ込めている（南極の氷をコップの水に浮かせると「パチッ、パチッ」と鋭い音を立てる。何万年もの間、氷の中に閉じ込められ圧縮した太古の大気がはじける音。大ざっぱに言ってしまうとこんなことだ）。

　氷床の頂上は真下に向けて氷が積もった場所だ。そこで取り出した氷を分析することで、地球環境の過去を解明し、さらには未来を探ることにつなげたい。だからこそ人と時間をかけて基地を建設したのだ。よくぞこんな場所に作ったものだ。そこまで行ってこの目で見て、心底思った。頂上を探し当てたのが第26次隊、越冬と掘削が実現したのが第36次隊。10年の歳月が必要だった。

ドームふじ基地へ

　ようやくその日がやって来た。1995年12月25日。しらせで晴海をたってから40日余りが過ぎていた。昭和からドームふじまで往復2000㌔。行くことができる人員が限られる中で、雪上車での旅行（南極ではこういう言い方をする。そう言えば昭和基地は英語では「SYOWA　STATION」だ）に同行できることが決まった時点で、取材は成功したのも同然だと思い込んでいたのだが、それはとんだ思い違いだった。雪上車旅行は往復33日、足かけ約2週間のドームふじ滞在と合わせて計46日間。それは行ってみなければ分からない、驚きの連続だった。

　当時の記事と取材メモでたどってみる。その朝、ドームふじに向かうため、昭和に近い「S16輸送拠点」にいた私は、

ブリザード(雪あらし)とホワイトアウトの洗礼を受けた。「雪上車のベッドの中で目を覚ますと、外は激しいブリザードだった。初めて体験するブリザード。胸がどきどきする。外に出ると、ガラスの破片のような雪の粒が横殴りに顔にぶつかってきた。空と雪面の境が分からない。ただ白いだけで雪面の凸凹も分からない。話に聞いていたホワイトアウトの状態だ。外に出ると、いきなり足を取られ、10歩も行かないうちに2度もひっくり返った」

夕方近く、ブリザードが収まるのを待ってドーム旅行隊は出発した。太陽が沈まない南極の夏。夜でも移動はできる。この日は午後8時近くまで走った。腹ぺこなのだが、すぐに食事はできない。「給油、点検、修理で2時間以上かかった。(雪上車の)キャタピラの氷を取るのはつらい。心まで冷え切る、と言うより我慢比べだ。しかし、それが南極の旅ということか」。修理を怠れば前に進めなくなる。食事は11時前。シャンパンを開けた。ささやかで贅沢な南極のクリスマスだった。

雪上車は命綱だ。「生活上のほとんどのことは雪上車の中でできた。食事は食堂車用に手を加えた大型雪上車。食事時に全員が集まる。発電機があり、電気炊飯器も使える。寝るのは車内の2段ベッド。夏だから昼間走っている時のヒーターの余熱で明け方でも氷点下5、6度までにしか下がらない。二重の寝袋にくるまっていれば安眠できた」。ただ、トイレだけは別。外に出なければならない。初めのうちは雪でおしりをふいていた。気持ちよかった。「南極は内陸に行けば行くほど気温が下がる。旅行が始まって1週間がすぎた1月1日、出発した時には氷点下10度にもなっていなかった気温が氷点下20度を下回った。そうなると、雪でおしりをふくどころではなかった」

第37次隊でドームふじに向かったのは、越冬する9人と私も含めた夏隊5人の計14人。内陸旅行の足である雪上車6台と観測機器や食料を積んだソリ32台の長い車列は、どこまで行っても白ばかりの雪と氷の中を走った。目的地にたどり着いたのは19日目。そこには過酷な生活に耐えた第36次隊の9人が待っていた。

ドームふじでの初越冬。そこは寒いだけの場所ではなかった。標高は富士山頂と変わらない。酸素は東京の6割だ。「日本にいる時より食べたのにやせた。寒いというだけで疲れた」と1人。「1年間で筋肉がげっそり落ち、体重が10㌔減った」。一方で「基地の中にいる限りは南極にいる気がしない」が実感。発電機の余熱利用でほとんどの施設の室温は20度前後

に維持されていた。「ここではまず寒さを防がなければ何も始まらない」と別の1人。「すべての部屋の入り口には厚さ10㌢の冷凍庫用のドアが使われている。外の寒さを遮断するためだ。室内の熱を逃がさないように窓は極端に少ない」

南極はニュースの著しい過疎地だった(現在の昭和基地ではインターネットがいつでもつながる)。「最大の情報源は(日本から送ってもらう新聞の)テレビ欄のファクスだった」。そうそう、思い出した。「偏りはあるが、ワイドショーのプログラムで分かることもある」。そのころ誕生したのが橋本内閣。日本から閣僚の一覧表を送ってもらった。「37次が興味を示したのに対し、36次がほとんど一瞥しただけだったのが特徴的だった」。そういうことなのだ。

お湯を投げる

古い記憶がある。「マイナス40度の世界ではバナナでくぎが打てます」。こんなテレビコマーシャルがあった(かなり前だから不正確かもしれない)。自動車オイルの宣伝だったと思う。南極同行が決まって以来、いつも頭にあったのが「いかに寒さを表現するか」だった。「最寒の地」を読者に感じてもらうには、どうすればいいのか。南極取材の中で一番ともいえる懸案だったのだが、考えても、考えても浮かんでこない。そのうちにドームふじへの旅行が始まってしまった。いまさら「バナナでくぎ」というわけにはいかない。第一、手元にはバナナがない。さて、どうする。

ヒントは身近なところにあった。旅行中、外気温は日に日に下がっていった。何日目だったか、朝の歯磨きの後、ほうろうカップに残ったお湯を何気なく外に投げると、わずかに白い糸を引いて雪面に落ちた。気象庁から派遣された隊員に水を向けると、アイデアが一つ浮かんだ。ドームふじまで行けば気温はさらに下がる。そこで熱いお湯を投げれば、もっとはっきり見えるかもしれない。「最寒の地」であることが一目で分かる現象を作り出すことができるかもしれない(実際に外気とお湯の温度差は優に100度を超えた)。

やってみた。その様子が、今回も展示された1枚だ。「お湯を空気中に投げると一瞬で『白い煙』のようになる」という説明を付けた。なぜそうなるのか。ドーム計画に長らく関わっている隊長(雪氷の専門家。「せっぴょう」と読む)に聞いたはずだが覚えていない(22年も前だ。お許しください)。撮影は1996年1月24日。また取材ノートを引っ張り出した。黄ばんだページに「お湯の水蒸気が瞬間的に凝結して白く見える」。なるほど。加えて「-40℃ぐらいだと非常に乾燥し

ていて、空気中に水蒸気がほとんどない。年間に水にして約40㍉の雪しか降らず（その後の観測で約25㍉だと分かった）、地球上で一番乾燥し寒いところ」とある。そうだったのか。

撮影時の基地周辺の気温は氷点下43.8度。気温が下がる夜中を選んだ。当然だ。確か午前2時ごろだったが、太陽は沈まない。基地の台所で沸騰させたお湯（気圧の関係で残念ながら100度にはならない）をポットに入れて、撮影直前にカップに注ぐ。放り投げるとお湯は「シュルシュル」と音を立てて空気中に広がった。日本からの道連れだった第37次越冬隊員の1人に手伝ってもらった。本当に寒かったが、面白がってやってくれた（とは言っても気温が気温だ。本当に申し訳なかった）。

現像に2度失敗し、3度目にようやく成功した。当時はまだフィルムの時代。白い煙も扇状になって、左に太陽、右に雪上車が収まった。シャッターを切った回数はもっと多いのだが、最後にいい絵が撮れた。フィルムのまま電送するダイレクト電送機を写真部に頼んで持ってきていた。雪上車の揺れにも耐えるように毛布でくるんで運んだ。壊れなくて良かった（雪上車は本当によく揺れる。氷床の表面は決して平たんではなかった）。代表取材の写真として、全国の新聞に予想以上によく載った。

どこの国でもない

少し脇道。南極はおかしなところだ。国境がない。どの国にも属さない。誰のものでもない。地球に住むみんなのもの、あなたのものでもあるということだ。パスポートもビザもいらない。だからといって簡単には行けない。何せ日本からは赤道を越えオーストラリアのさらに向こう。昭和基地はアフリカ大陸を南下した沿岸部の島にある。空路で一っ飛び、というわけにはもちろんいかない。自力ではとてもたどり着けない（絶対に無理だというわけではない）。

時計の針を戻す。第1次観測隊が南極に向け出発したのは1956年11月8日。調べてみた。共同通信の加盟紙でもある信濃毎日新聞に記事があった（多分、共同の配信だと思う）。夕刊の1面で大きく報じている。東京港を出る初代観測船「宗谷」の航空写真も載っている。見出しは白抜きの活字で「南極観測隊、壮途へ」（60年以上も前のことだから、言葉もちょっと時代がかっている）。記事によると、隊員、乗組員の家族や関係者らのほか一般の人たち計約6000人が集まった。今は昔の感があるが、今回展示された写真からも当時の

熱気が伝わってくる。

私が記者として同行取材した第37次隊が日本をたったのは95年11月14日（時間が行ったり来たりで申し訳ない）。黎明の季節からほぼ40年が経過していた。実はこの隊には、通常任務とは別に南極観測の歴史にかかわる特別な役割があった。昭和基地開設の象徴として基地内に置かれた後、経緯がはっきりしないまま国内に戻っていた「南極の壺」を基地に再び送り届けるというミッションだ。

当時の配信記事を読み返した。56年、朝日新聞社が「南極探検を成功させよう」と寄付を呼び掛けた。それに応えた全国の小中学生らの名前を記した名簿がこのつぼに収納された。そして第1次隊が南極の地を踏んでから2年後、第3次隊（南極に置き去りにした樺太犬のタロとジロを見つけた）の手で南極に運ばれ、昭和基地近くに埋められた。取材では明確な記録は見つからなかったのだが、関係者の話を総合すると、その後、長年の間にふたのすき間から雪が入り凍り付いてしまったため、「（昭和）60年代初めごろの観測隊が日本に持ち帰ったらしく」、東京・板橋にあった国立極地研究所の低温室で時間をかけて乾かされていた、という。

子どもたちだって自分の名前が東京より、南極にあった方がいいに決まっている（その後、極地研は東京西部の立川に移転した。建物も立派になったが、住宅街にたたずんでいた旧施設の方が地道な研究の雰囲気が漂っていて好きだった。今が地道でないという意味では、もちろんない）。

名簿に載っているのは団体と個人を合わせて2万3684口、何と約100万人分にも上る。第1次隊が出発する直前の56年10月末までに約2130万円が集まり、朝日新聞社の1億円などと合わせ総額1億3000万円を超えた。もりそばが一人前30円前後のころだ。敗戦からまだ10年余りしか過ぎていなかった。記事には「日本隊の活躍に夢を託した当時の国民の思いが伝わってくる」と筆者（言うまでもないが私だ）の感想が付されている。小中学、高校生からの寄付が目立ち、小遣いを持ち寄って100円、200円と手紙に同封してきたものが多かったという。国民的な大事業だったというのが十分に理解できるのだが、まだ足りないと思った筆者は『シッカリガンバッテ下サイ』という、たどたどしいながらも熱意のこもった手紙を添えた少国民からの寄付もまた多かった」と、第1次隊が南極に向かった日の朝日新聞朝刊の記事の一節まで付け加えている。

その中に、第37次隊のころには40代になっていた極地研の教授がいた。小1の時、お年玉でもらった100円を出した

のだという（あれこれ聞き回っているといろいろなことが分かる）。記事は「今思えば、あれが南極を相手に仕事をするきっかけだったという気もする」という教授の談話で結ばれている。

まだ続いているの

南極観測隊は自己完結型の集団だ。何でも自分たちでやる。そうでなければ酷寒の極地では生きて行けない。そもそも人間が住んでいない、文明とは縁のなかった場所だ。研究者ばかりでは、観測活動をする以前に生き延びることすらできない。今では大小68棟からなる規模にまでなった昭和基地だって、何もなかった場所に一から作ったのだ。

現在、南極に滞在する第59次越冬隊は32人。別に「日帰り」ともやゆされる夏隊は、白夜のある夏季だけを過ごす。越冬隊は、一日中太陽が沈んだままの極夜が続く冬に滞在し、日本を出てから帰国までは約1年4カ月に及ぶ。

観測隊のメンバーは、気象やオーロラ、雪氷、ペンギン、隕石などの研究・観測分野のほかに、建築や発電機、雪上車などの整備担当者もいる。酷寒の地で隊員の健康管理に目を凝らす医師、生活の基本である食事を担う調理の専門家もメンバーだ（調理隊員が主人公の「南極料理人」という映画をご覧になった方もおられるだろう）。その中に記者もいる（私を含めこれまで同行した記者の多くは夏隊だ）。

記者の同行は第1次隊から始まった。このことからも日本の南極観測への挑戦が、国民・読者の一大関心事だったことが分かる。日本新聞協会が作成した同行記者の一覧表がある。当初は共同と朝日の2社だけだったが、南極観測船が「宗谷」から2代目「ふじ」になった第7次隊にNHKが初めて参加する（新聞社、通信社、放送局。インターネットがなかった時代に何というか絶妙なバランスだ）。記事や写真、映像は代表取材として、同行しなかった報道機関へも提供され、読者、視聴者が共有するという仕組みで、これは現在も続いている。

この同行記者による取材、駅伝のように毎年つないできたというわけではない。理由は一つではないが、私が加わった第37次隊は、読売新聞とTBSが同行した第29次隊（この隊は初めて女性隊員が参加した）以来8年ぶりだった。現在まで記者を派遣している隊の数が最も多い共同としても、何と第25次隊（このときは3代目となった先代「しらせ」の南極初航海）以降12年ぶり。初期はニュースバリューがあった南極観測も、このころになると毎年恒例のイベント。当たり前に

なった分、報道される機会は減っていた。私が社会部で「南極に行きたい」と声を上げたとき、部員の中には「観測隊ってまだ続いているの」と聞いてくる者もいたほどだ。

第37次隊の同行記者は、新聞協会の枠として最大2社から計2人と想定されていた。希望する社が多ければ抽選になる可能性が高い。社内でゴーサインが出ても抽選で外れてしまえばどうにもならない。共同が希望していることが他社に知られればライバルが現われるかもしれないと警戒したが、杞憂だった。すでに南極の魅力は忘れ去られ（こう言い切ってしまおう）、手を挙げたのは共同だけだった。

1995年は歴史に刻まれることになる出来事が相次いだ。1月に阪神大震災が起き、3月には地下鉄サリン事件、そして戦後50年の臭が巡ってきた。記者の余裕などなかった。「日帰り」の夏隊でも行って帰って約4カ月半。あの忙しい年によく送り出してくれた。その後は、長くても二つの隊のブランクで同行が続いている。共同だけで計5人。さらに複数の地方紙も加わり、南極取材の幅は広がった。

挑戦は終わらない

1996年1月26日、第37次越冬隊を残してドームふじを後にした。下りであることに加えソリも軽い。それでも昭和まで14日かかった。途中、2度の激しいブリザードに見舞われ、3日間、南極の雪原に足止めされた。太陽の回りに光の輪ができるハロー現象の後でホワイトアウトに。また晴れ間がのぞいた後にブリザード。1日の中でころころと天気が変わることもあった。南極の厳しさを、また思い知らされた。2月12日、昭和を離れた。途中、沿岸でオーロラに遭遇し取材できた。シドニーでしらせを降りて、最後だけは空路。成田に戻ったのは3月27日だった。

ドームふじの第37次越冬隊は当初目標の2500㍍を超え、34万年前までの大気が封じ込められた氷床の掘削に成功した。その後、場所を移して掘削を進め、3035㍍、72万年前の氷床に到達した。日本隊は新たな掘削場所を求め探査を続けている。挑戦は終わらない。

南極の時間は、ゆっくりと流れる。「史上最低気温」は、まだ観測されていない。

還暦を迎えた南極観測 ── 過去・現在・未来 ──

本吉洋一
国立極地研究所教授・広報室長

　この原稿を書いている2018年1月29日、南極昭和基地は開設61年を迎えた。昨年同日、筆者は昭和基地から衛星回線を使って60周年の記念イベントに参加させていただいた。人間にとっての60年がそうであるように、南極観測の歴史にもたくさんの紆余曲折と出来事があった。ここではこれまでの60年を振り返るとともに、今の南極観測とこれからの展望について考えてみる。

難産だった船出

　日本の南極観測の始まりは、決して安産だったわけではない。最大の障壁は、戦後10年目というタイミングと「敗戦国」というレッテルであった。国際地球観測年（IGY: International Geophysical Year）という国際プロジェクトが立ち上がり、そのメインテーマとして南極観測が据えられた。日本もこれに参画すべく、1955年にベルギーで開かれた準備会議においてIGYへの参加を表明したのだが、敗戦国であった日本に向けられた視線は非常に冷たいものであったという。国内に目を向けても、まだ至るところに戦争の傷痕を残していた。もちろん経済的にも余裕などなかった。多くの国民にとっても日々の糧を得ることに必死で、日本政府もその対応で手一杯であったはずだ。

　しかし一方で、そのような状況であったからこそ、日本の再生と国際社会への復帰を願う数少ない人たちもいた。彼らは、南極観測をきっかけに人々が夢を取り戻し、日本人が再び世界で活躍することを目指して、このプロジェクトに希望を託したのである。

　55年のIGY準備会議で日本の希望は辛くも認められ、日本政府は南極観測の開始を閣議決定し、それから馬車馬のような準備が始まる。行き先は、日本人が誰も知らない人跡未踏の地である。寒さは？風は？雪は？隊員を運ぶ船はどうする？事前の訓練は？…と、たくさんの？を抱えての準備だったであろう。未解決の問題が山積する中で、とにかく動き出さなければならなかった。

　この時、国際地球観測年を契機に日本が南極観測を始めるかもしれないという情報を入手した朝日新聞社の矢田喜美雄記者は、社の上層部に働き掛け、南極学術探検のプロジェクトを立ち上げた。そして、全社を挙げてのキャンペーン活動が始まり、募金運動も全国的な広がりを見せた。当時、文部省（現文部科学省）、日本学術会議、そして「宗谷」を運航する海上保安庁など関係者の並々ならぬ決意と努力があったことはもちろんであるが、それを後押ししたのは国民の熱い期待と民間企業の情熱であった。

　こうして政府が閣議決定した1年後の56年11月8日、大勢の国民の熱狂的な期待を背に南極観測船「宗谷」が東京湾・晴海埠頭を出航した。奇しくも同年、日本は国際連合への加盟を果たしているが、当時の人々は、南極へ船出する「宗谷」の姿を国際社会に復帰する日本の姿と重ね合わせて見ていたのではなかろうか。同時にこのことは、戦後日本が科学立国として生まれ変わる決意を国の内外に宣言した象徴的な出来事でもあった。

　その「宗谷」であるが、南極では厚い氷とブリザード（雪あらし）に行く手を阻まれたものの、何とかリュツォ・ホルム湾の西オングル島に上陸を果たし、付近一帯を「昭和基地」と命名、4棟の建物を建設した。57年1月29日が昭和基地の誕生日である。第1次越冬隊は、西堀栄三郎隊長以下11名で越冬を開始した。海氷上に置いてあった食料が流されたり、観測小屋が火災で焼失したり、命の危険と隣り合わせの日々であったことが、西堀隊長の名著『南極越冬記』（岩波新書）を読むと痛いほど伝わってくる。南極という圧倒的な自然の中で、創意・工夫を重ねて観測や設営に立ち向かった隊員の精神は、今の時代にあっても決して色あせることはない。当時のエピソードとして、南極に取り残された15頭の樺太犬のうちタロとジロが生きていたこと、氷に閉じ込められた「宗谷」がソ連（当時）のオビ号に救出されたこと、そして福島隊員の遭難死といった悲しいニュースも日本国内を駆け巡った。

　以後60年間にわたり、途中での中断はあったものの、日本は昭和基地を拠点として数多くの観測成果を積み上げてきた。観測項目だけでも、オーロラ、電離層、大気、気象、雪氷、地震、地球物理、隕石、地質、地形、測地、陸上・海洋生物、医学、海洋物理・化学など、各国の南極基地の中で、これだけの観測をこなしてきたのは昭和基地くらいであろう。すべてを網羅するにはとても紙幅が足りないので、そのうちのいくつかを紹介させていただく。これらの中には、南極で観測を始めなければ発見できなかったもの、そして将来へ向けて新たなブレークスルーを目指す野心的なプログラムも含まれている。

南極隕石

　1969年、内陸で氷河の流動を調査をしていた第10次隊の吉田勝隊員が、やまと山脈の氷の上に黒い物体を偶然見つけた。吉田隊員は地質学者であったため、この物体が地球の石ではないことを現場で見抜いていた。帰国して詳しく調べ

てみると、何と隕石であったことが分かった。その後日本は組織的な隕石探査を続け、2016年現在、日本隊が発見・回収した南極隕石は1万7000個を超える。

この大量発見は決して偶然ではない。日本の37倍の面積の南極大陸をやみくもに歩き回ったところで隕石が見つかるものではない。隕石が集積するメカニズムを突き止め、それに従って集中的に探査を行ない、南極が隕石の宝庫であることを世界中に知らしめた事実は、日本の大きな功績として記録にとどめておかねばなるまい。

南極隕石のほとんどは小惑星起源とされているが、中には月起源や火星起源の石も含まれており、今後も新しい発見があるだろう。19年は南極隕石発見50周年である。翌20年には、小惑星への長旅を終えた探査機「はやぶさ2」が地球に帰還する。次の50年に向けて、南極隕石の発見が扉を開いた惑星物質科学のさらなる進展を期待したい。

オゾンホール

南極上空のオゾン量が急激に減少していることを、1982年に第23次越冬隊が昭和基地の観測で捉えた。観測を担当した忠鉢繁隊員によれば、最初は観測機器の故障を疑うほどの異常な減少値だったという。時を同じくして、ハリー基地（英国）でも同様なオゾンの減少を検知していた。越冬を終え帰国した忠鉢隊員は、84年にギリシャで開催されたオゾンシンポジウムで成果を発表し、これが南極上空のオゾンホールの世界最初の報告となった。オゾン量の測定には「ドブソン分光計」という装置を使用するが、通常は太陽光を使って行う観測を太陽が沈んだ状態が続く極夜期にも実施するため、忠鉢隊員は月明かりを利用した方策を独自に編み出して観測に臨んだという。

オゾンホールの拡大は、南極だけの問題ではなく地球全体の環境問題として、やがてオゾン層を破壊する恐れのある物質の製造などを規制する「モントリオール議定書」（1987年にカナダで採択、1989年発効）につながっていく。その取り組みが功を奏したのか、一時期は南極大陸の2倍ほどに拡大したオゾンホールは、このところ縮小の傾向を見せている。

オゾン層は、地球に降り注ぐ有害な紫外線を水際で食い止めるという重要な役割を担っている。もしオゾン層が破壊されると、生物にとっては地上での生息ができなくなり、紫外線が届かない水中や地中の生物のみが生き残ることになるかもしれない。

コケボウズ

南極の岩盤には大小の湖が存在するが、こういった湖沼には生物は存在しないと思われていた。1995年、第36次越冬隊の伊村智隊員が、昭和基地付近の岩盤に点在する湖の底に奇妙な物体を発見した。大きさは直径40センチ、高さ60センチ余りの緑色の塔状の植物で、「コケボウズ」と名付けられた。これは、苔類、藻類、シアノバクテリアなどが群生して塔状になったもので、湖の底に群生している。

南極では、極寒の冬の期間でも海や湖が凍結するのは表面だけで、内部まで完全に凍結することはないが、それにしても湖底の森林ともいうべき大規模な植生があったことは大きな驚きであった。いつ、どのようなきっかけで彼らは南極をすみ家とするようになったのか、興味は尽きない。南極のような極限環境にすむ生物の生態は、地球の生命の起源や進化とも深く関わっているはずだ。

氷床コア

南極大陸には、最大4000㍍を超える厚い氷床がある。これは南極に降り積もった雪が積み重なったもので、深い場所にある氷ほど年代が古い。昭和基地から1000㌔内陸にあるドームふじ基地では、2007年にほぼ岩盤に達する深さ3035㍍の氷を掘り抜いて、今から約72万年前の氷（氷床コア）を取り出すことに成功した。こうして掘削した氷床コアの解析の結果、過去72万年間の気温や二酸化炭素濃度の変動の様子、氷期と間氷期のサイクルなどが、連続したデータとして明らかになった。その意味では、南極の氷床コアはまさに地球環境のタイムカプセルといえよう。このタイムカプセルは、過去の気候変動をわれわれに教えてくれる。その変動は一体どういうメカニズムで起こるのか、解明が待たれる。

今南極で活動中の第59次隊の大きなミッションが、氷床掘削の新しい場所を見つけることである。ドームふじ基地では、72万年前の氷の掘削に成功したが、もっと古い氷を求めて各国がしのぎを削っている。ヨーロッパのチームは80万年前の氷の掘削に成功している。日本が実際に掘削を開始するのはあと数年後になる見込みだが、他の国に後れをとることなく、新しい成果に期待したい。南極大陸に存在する膨大な氷は、まさに地球環境変動のタイムカプセルであるが、その中からは花粉・胞子など生命の痕跡も見つかっている。ひょっとしたら、氷床コアの中で人類の知らない未知の微生物が日の目を見るのをじっと待っているのかもしれない。また、地球の磁気の向きが南北逆転する「地磁気逆転」現象がもっとも最近起

きたといわれる77万年前の痕跡も見つかるかもしれない。

固体地球科学

南極は氷の大陸であるが、その基盤は大陸の岩盤であることから地学研究も盛んに行われている。岩盤を構成する岩石の種類や地質構造を調べる地質調査、南極大陸の動きを調べる測地や地震観測、大陸を取り囲む海域での地球物理探査など多岐にわたる。南米、アフリカ、インド、オーストラリアなどは今から2億年前はゴンドワナ大陸という巨大な陸塊を形成していて、その中心にあったのが南極大陸であった。その後各大陸は分裂を開始、今もその動きは続いている。

昭和基地に設置されている大型アンテナを用いたVLBI

昭和基地南方約70㌔の露岩スカレビークハルセンで地質調査中の筆者＝2017年1月

（Very Long Baseline Interferometry＝超長基線電波干渉法といわれる天文観測の手法）観測によって、南極とオーストラリアは年間6㌢のスピードでお互いに遠ざかっていることがわかっている。インドは、なぜか猛スピードで南極から離れ、ユーラシア大陸に衝突して世界の屋根ヒマラヤを造った。こうしたプレートの動きは、海洋底にもその痕跡を残しており、今後の観測により、その実態が詳細に解明されることが期待される。

オーロラ観測

オーロラは極地特有の現象である。オーロラは南極上空にドーナツ状に広がって夜空を彩る。昭和基地は、このドーナツの真下にあるので、オーロラ観測にはうってつけのロケーションであった。そのため、第1次隊からオーロラの観測は始まっている。地上からの観測はもちろんであるが、かつてオーロラに直接ロケットを打ち込んで、そこでのデータを取得する、といった大掛かりな観測も行われた（第11次〜第26次）。当時日本は、九州に加えて南極にもロケット基地を持っていたことはあまり知られていないかもしれない。打ち上げられたロケットは合計58発。厳しい環境であったにもかかわらず、一度も失敗はなかったことは見上げたものである。

オーロラ発生のメカニズムの基本は、地球が巨大な磁石となって太陽風（太陽から吹き出す高温のプラズマ）を引きつけること。理論上は、南極と北極には同じタイミングで同じようなオーロラ現象が起きるはずである。地球で同じ磁力線で結ばれた地点を「地磁気共役点」というが、昭和基地の共役点はアイスランドにあたり、現地にも観測拠点を設置して観測した結果、昭和基地とまったく同じような形状のオーロラが観測された。

2017年9月、太陽表面で大規模な爆発現象「太陽フレア」が発生した。その後、昭和基地では活発なオーロラが観測されたそうだが、太陽表面の爆発によって放出された太陽風が地球に到達すると、磁気が乱れて電子機器の障害も引き起すという。その意味では、オーロラの観測も地球環境の監視の一環である。

大型大気レーダー（パンジー）

南極昭和基地大型大気レーダー計画（Program of the Antarctic Syowa MST / IS Rader）、通称「PANSYレーダー」は、2015年から本格運用が始まった。昭和基地に1045本のアンテナを設置し、上空500㌔までの大気の動きを探る観測である。具体的には、対流圏・成層圏・中間圏の風の3成分を捉えることによって地球気候に大きな影響を与える大気波動を明らかにし、それによって気候モデルの予測精度の向上を目指す。とくに、オーロラの構造やプラズマ状態の把握、オゾンホールの発生に関係する「極成層圏雲（極地で成層圏付近に現れる特殊な雲）」の実態の解明に威力を発揮する事が期待されている。

また、南半球には元々陸地が少ないが、南極大陸にこのレーダーを設置することによって、京都大学生存圏研究所が運用している滋賀県甲賀市信楽町の「MUレーダー（MUR）」と、同研究所がインドネシア航空宇宙庁と協力して運用しているインドネシア・スマトラ島の「赤道大気レーダー（EAR）」、それにPANSYの3つのレーダーで地球を縦断する大気重力波研究態勢が完成するとのことである。昭和基地には、高度な観測機器が数多く整備されており、極域大気観測の重要な拠点

となっている。これらの観測機器にPANSYレーダーを加えることで、世界に先駆けた強力な研究態勢が実現するであろう。

南極観測のこれから

「南極は地球と宇宙をのぞく窓」−。これは、筆者が講演の際によく使うフレーズの一つである。過去60年間の南極観測から見えてきたものは、極地という地域性を越えて、全地球規模および太陽系で起きたさまざまな現象や物質から、地球の過去の姿とそこから現在へ至る推移、そして将来への予測を探る、という一連の研究の流れであったかと思う。この流れは今後も変わることはないであろうが、そのための方策として、一国主義によらない広範な国際協力がより重要になるであろう。現在、南極条約に加盟している国は53カ国に上る。ただその中で実際に南極に基地を設けて観測を行っているのは約30カ国、そのうち越冬基地を設けて通年観測をしているのは20カ国にすぎない。アジアでは、日本、中国、韓国、それにインドである。第58次観測隊（2016〜18年）では、初めての試みとして、アジアの中の南極観測未参加国であるモンゴル、インドネシア、タイから若手研究者を招いて、日本人研究者との共同研究を行った。南極条約原署名国として、またアジアの南極観測のフロントランナーとして、日本が果たす役割は決して少なくない。将来的に、昭和基地を国際観測ステーションにして、外国人研究者にプラットフォームを提供するような構想も出てくるであろう。

これまで南極観測のテーマは自然科学系がほとんどであったが、16年からスタートした南極観測第IX期6カ年計画の中で、「公開利用研究」という枠組みの下、人文・社会科学系にも門戸が開かれた。その初年度である第58次隊には、南極条約を長年研究されている国際法学者が参加した。その方が現地で語っておられた中に、「ウィルダネス・バリュー（Wilderness Value）」という言葉があった。日本政府の公式な和訳では、「原生地域としての価値」となるそうであるが、1991年に採択された環境保護に関する南極条約議定書には、南極固有の価値の一つとして例示されている。具体的には、

1) 科学的および人文・社会科学的調査活動を行う場としての価値
2) 世界の子供達への教材を提供する場としての価値
3) 報道関係者による写真・映像撮影の場としての価値
4) ウィルダネスを絵画や音楽で表現する芸術家の活動する場としての価値

5) 商業的な観光の場としての価値

といったものが挙げられている。南極条約に加盟する国は決して多いとはいえない状況で、人類の共通財産としての南極の「ウィルダネス・バリュー」をどこまで認め、どこから先を規制するのか、そして、国際法上の保護対象としてどのように制度化していくか、また自然科学とは違った視点からの対応が求められるであろう。

Commentaries on Chapters / Captions

Chapter 1 Challenge:
From Base Opening to Reaching South Pole

Japan has conducted research in Antarctica over the last 60 years, making historic achievements such as the discoveries of an ozone hole and numerous meteorites as well as the elucidation of climate changes by drilling thick ice sheets. Initially, however, it was a challenge against the unknown.

As the world decided to launch the International Geophysical Year Expedition (1957-1958), Japan joined the United States, the Soviet Union (now Russia) and nine other countries to conduct research in Antarctica. Japan was assigned to Prince Harald Coast.

The Cabinet decided in November 1955 to participate in Antarctic research expeditions, marking Japan's return to the international community after the end of World War II. Elementary school children responded to newspaper donation calls, and companies offered merchandise and materials for free as part of the Antarctic campaign.

The research ship Soya, carrying the inaugural research expedition team and Karafuto dogs (Sakhalin huskies) for sledding, set sail from Tokyo's Harumi Pier in November 1956. The ship was anchored off Prince Harald Coast and the team landed on West Ongul Island, hoisting the Hinomaru flag in January 1957. Japan named the location and its vicinity Syowa (normally spelled Showa today) Station. Expedition members later constructed buildings on East Ongul Island, kicking off the first wintering mission with 11 members. Soya was stranded in the ice-bound sea on the way back to Japan and rescued by the Soviet icebreaker Ob.

Soya, with the second expedition team on board, was stranded en route to Syowa Station. The team decided not to conduct a second wintering mission in February 1958 and barely managed to pick up the first wintering mission but left behind 15 Karafuto dogs due to lack of fuel and capacity.

In January 1959, members of the third expedition team found two Karafuto dogs – Taro and Jiro – alive at the unmanned Syowa Station. News of their miraculous survival spread around the world and later it was turned into a movie. Shin Fukushima, a member of the fourth wintering mission, went missing in a blizzard in 1960 and his body was found in 1968, the first casualty among Japanese Antarctic research expedition members.

Japanese expeditions, a temporary enterprise as part of the International Geophysical Year Expedition, ended with the completion of the sixth wintering mission due to Soya's deteriorating condition and other factors, and Syowa Station closed down in 1962. But a permanent structure for future expeditions was put in place in Japan and the new research ship Fuji was built. The Maritime Self-Defense Force replaced the Maritime Safety Agency as operator of expedition vessels, and the seventh wintering mission left Japan aboard Fuji in 1965, resuming Antarctic research expeditions after a four-year hiatus. Eleven members of the ninth wintering mission rode snowmobiles and reached the South Pole in December 1968, realizing the dream of Japanese expedition members led by renowned explorer Nobu Shirase.

Chapter 1-1 Base opening

1-1 Soya heads for Antarctica

Japanese Antarctic research ship Soya leaves Tokyo's Harumi Pier for Antarctica on Nov. 8, 1956. On board were 53 members of the inaugural expedition team and 22 Karafuto dogs (Sakhalin huskies) for sledding as well as a 77-man crew. Team leader Takeshi Nagata said in a speech his team had made full preparations and was ready to carry out the mission. A huge crowd of people saw off the ship.

1-2 Encounter with iceberg

In January 1957, Soya proceeds in the Antarctic Ocean by carefully avoiding an iceberg which it initially encountered on Jan. 4. Team members braved the heat around the Equator as Soya's living quarters were not air-conditioned and endured rolling in storm zones.

1-3 Reaching Antarctica

Soya is anchored off Ongul Island in Antarctica in January 1957. The ship entered the Antarctic Circle on Jan. 10 and carefully traveled in ice-covered waters before being blocked by an icefield and declared "docked" on Jan. 25, 79 days after its departure from Tokyo. The location was about 20 kilometers away from Ongul Island, where a base was to be set up, but five subsequent Soya missions failed to proceed that far, ending up over 70 km away from the island each time.

1-4 Karafuto dogs (Sakhalin huskies)

Karafuto dogs (Sakhalin huskies) were valuable members of the Antarctic research expedition. Soya is in the background. The team initially planned to deploy only snowmobiles for transportation but deputy team leader Eizaburo Nishibori stressed the need for dogsleds. The dogs were among about 50 out of about 1,000 Karafuto dogs in Hokkaido at the time and underwent training in Wakkanai on the northern tip of Hokkaido.

1-5 Survey on Ongul Island

Members of the wintering mission conduct a survey on Ongul Island in January 1957. Dogsled members managed to conduct the survey after a snowmobile fell into an ice puddle (hole) and failed to carry surveying staff to the island.

1-6 Syowa Station named

Japanese expedition members hoist the Hinomaru flag on West Ongul Island on Jan. 29, 1957. Japan named the location Syowa (spelled as Showa today) Station. Expedition members celebrated the historic occasion with "banzai" cheers. Fifty years later in 2007, the 48th Antarctic expedition found bamboo poles and rockwork believed to have been used to hoist the flag and subsequently identified the original landing location. A commemorative signboard was installed in 2008.

1-7 Unloading cargo

Team members unload building materials, power generators, wireless gear, fuel and food supplies, etc. from Soya. Transporting two power generators (weighing 3 tons each) –the heartbeat of the station – was a big challenge.

1-8 Traversing the "Route Syowa"

In February 1957, expedition members travel in snowmobile sleighs between Soya and Syowa Station, which was later built on flat land on East Ongul Island. Transportation on the stretch, dubbed the "Route Syowa," started on Feb. 1, 1957, deploying three snowmobiles.

1-9 Snowmobile plunges into puddle

A snowmobile caught in a puddle in February 1957. Initially, it took over 10 hours to transport goods from Soya to Syowa Station but the time required was shortened to just two hours as expedition members improved their snowmobile-driving skill.

1-10 Building bridge over cracks

Soya crew members and others build a temporary board bridge over cracks in February 1957 to enable snowmobiles to travel between Soya and Syowa Station.

1-11 Cooking in bad weather

Expedition members prepare meals in February 1957 while working to set up Syowa Station. A log dated Feb. 10 shows that the lowest and highest temperatures stood at minus 7.8 C and minus 1.7 C, respectively.

1-12 Building Syowa Station

Construction of Syowa Station on East Ongul Island is underway in February 1957. On Feb. 11, a wireless station was completed, heralding the start of stable communication with Japan. Buildings housing the wireless station, living quarters, power generators and a dining room were set up by Feb. 14.

1-13 Origin of prefabricated construction

Construction of buildings using wooden panels at Syowa Station is in progress in February 1957. The structures were built in about three days without using nails, marking the dawn of prefabricated construction.

1-14 11 members named to spend winter

Eizaburo Nishibori (back row, 3rd from left) was named leader of the 11-member wintering mission. He was the oldest at 54, while the team's youngest member was 25. Expedition members transported about 150 tons of supplies on Feb. 14, 1957, to complete preparations for spending the winter.

1-15 Sending off Soya

Soya departs for Japan on Feb. 15, 1957, leaving behind 11 expedition members at Syowa Station for a successful yearlong stay and laying the foundation for Japanese Antarctic research expedition to date.

1-16 Watching Soviet icebreaker Ob

Soya crew members watch their ship's rescue by Soviet icebreaker Ob on Feb. 28, 1957. Soya was stranded in the ice-bound sea after departing from Syowa Station, radioing on Feb. 18 it could not move. In response to its request for assistance, Ob arrived on Feb. 28 to free Soya and guided it to safety.

1-17 Ob comes to Soya's rescue

Soviet icebreaker Ob (left) comes to Soya's rescue on Feb. 28, 1957. Some Soya crew members wave to the Soviet ship to express their gratitude.

Chapter 1-2 Second research expedition

1-18 Soya stranded in frozen sea

Soya is stranded in ice floes at a point more than 100 km from Syowa Station in January 1958. The ship carried a second Antarctic research expedition team of 50 members but was stranded in December 1957. It drifted to the west for about 40 days and suffered damage to its screw. Soya managed to free itself of ice on Feb. 6, 1958, and tried to head for Antarctica, assisted by U.S. icebreaker Burton Island, but decided on Feb. 24 against conducting a second wintering mission.

1-19 Envoy from home country after 1-year hiatus

A small plane dubbed "Syowa-go" from Soya flies to Syowa Station to drop fresh vegetables and other supplies on Feb. 8, 1958. The plane later picked up the first wintering mission and nine Karafuto dogs but left behind 15 other dogs at the station due to lack of capacity and fuel.

Chapter 1-3 Third research expedition

1-20 Soya heads for Antarctica for third time

Soya sets up an air transportation base on the ice about 160 kilometers from Syowa Station in January 1959. Learning from an unsuccessful second mission, the third research expedition team shifted its emphasis from snowmobiles to two helicopters as main means of transportation, covering the distance to Syowa Station in just over one hour.

1-21 Dogs Taro and Jiro found alive

Two Karafuto dogs – Taro (left) and Jiro (center) – were found alive in January 1959 after being left behind a year before at the unmanned Syowa Station. Taiichi Kitamura, who was in charge of dogsleds during the first mission, had an emotional reunion with the two dogs on Jan. 14. The dogs' miraculous survival made headlines around the world, touching the heartstrings of every Japanese.

1-22 Stockpiling sea ice

Expedition members use chainsaws to store sea ice aboard Soya in January 1959.

1-23 Unloading supplies from Soya

Soya crew members unload drums of food for Syowa Station in January 1959. There were a total of 58 flights from a heliport on the seawater to Syowa Station through Feb. 3, carrying about 57 tons of food and other supplies.

1-24 Post office at Syowa Station

A member of the third expedition team stamps a postmark on a New Year's card at the Syowa Station branch of Soya Post Office in January 1959. Syowa Station postmarks were so popular in Japan that some 170,000 letters and cards were sent from across Japan to Syowa Station. Soya carried the mail with Syowa Station postmarks back to Japan for delivery six months later.

1-25 Farewell to third wintering mission

Members of the third wintering mission wave to a helicopter bound for Soya in February 1959. Three Kafafuto dogs arrived on the new mission.

1-26 Blizzards

A blizzard that occurred near Soya docked more than 100 km away from Syowa Station engulfs expedition members in January 1959. Syowa Station logged an average 25 blizzards a year. The maximum wind velocity was 47.4 meters per second in February 2009.

Chapter 1-4 Reaching South Pole

1-27 Winter mission member dies

Shin Fukushima, then 30 and a member of the fourth wintering mission, went missing while working in a blizzard in October 1960 and was declared dead later. A cairn was erected to commemorate Fukushima, the first casualty among Japanese Antarctic Research Expedition members. His body was found on West Ongul Island in February 1968, a few kilometers from Syowa Station.

1-28 Soya heads for Antarctica for 4th time

Soya docked at an airlifting base on ice in mid-January 1960. The fourth research expedition team left Tokyo in October 1959. Transportation of supplies by helicopter from a point about 70 kilometers away from Syowa Station began on Jan. 2, 1960.

1-29 Bamboo spear campaign

Crew members use bamboo spears to push away ice gorges around Soya in January 1960.

1-30 Snowmobiles in full swing

Snowmobiles pull sledges carrying supplies for Syowa Station in January 1960. Three snowmobiles traveled about 100 kilometers in more than 18 hours on Jan. 4 to transport 15 tons of supplies to the station.

1-31 New ship Fuji debuts, research resumes

New research ship Fuji heads for Syowa Station in December 1965. Japan started its Antarctic research expedition in 1956 as a temporary project coinciding with the International Geophysical Year Expedition (1957-1958). The Japanese Cabinet decided to end Antarctic research due to Soya's repair costs and pilot shortage, and Syowa Station was shut down in 1962. But the Cabinet decided in 1963 to resume Antarctic research, and the transport duty switched from the Maritime Safety Agency to the Maritime Self-Defense Force. In November 1965, Fuji set sail from Tokyo's Harumi Pier, carrying the seventh expedition team.

1-32 Penguins approach Fuji

As unloading work from Fuji continues in January 1966, penguins full of curiosity approach the ship while a signboard jokingly warns them of "Danger. Off-limits to penguins."

1-33 Securing freshwater from icebergs

Team members use sleds to carry ice cubes from icebergs in January 1966.

1-34 Airlifting power generators

Brand-new power generators are airlifted by helicopter on Jan. 8, 1966, signaling the start of Syowa Station's expansion work.

1-35 Syowa Station reopens

Syowa Station reopens on Jan. 20, 1966, after a four-year hiatus, later leading to the discovery of an ozone hole over Antarctica as well as the unearthing of meteorites.

1-36 Lunchtime

Expedition members enjoy their lunchbreak in Syowa Station's newly built dining quarters in January 1966.

1-37 Fuji berths

Fuji sails in Lutzow-Holm Bay in late January 1966 before berthing near Syowa Station (far left).

1-38 Fuji leaves Syowa Station

The seventh wintering mission was formed on Feb. 1, 1966, sending off Fuji. A member of the wintering mission underwent surgery to remove his appendix in November.

1-39 South Pole reached

Members of the ninth wintering mission reach the South Pole on Dec. 19, 1968, covering the 2,500-kilometer distance from Syowa Station in 83 days. Japanese expedition members pose for souvenir photos with members of the U.S. Amundsen-Scott South Pole Station.

Chapter 2 Base: Research Ship and Station

Japan has deployed four research ships for Antarctic research expeditions and research stations have improved and strengthened along the way.

The first ship Soya was initially a merchant vessel before being turned into an auxiliary ship for the Imperial Japanese Navy during World War II. After the war, Japan used the ship to repatriate Japanese nationals abroad and supply lighthouses. The ship was selected for the first Antarctic research expedition in 1955 and underwent renovation in time for the dispatch of the inaugural Antarctic research expedition in November 1956.

The new research ship Fuji, which debuted in 1965, was twice the size of Soya and boasted expanded transportation capabilities, helping Syowa Station to sharply increase the number of its buildings. An aurora observation rocket was successfully launched and computers were also installed. Mizuho Station opened in Antarctica's interior region in 1970.

Fuji's successor ship Shirase, one of the world's major icebreakers, was inaugurated in 1983 and was capable of continuously breaking 1.5-meter-thick seawater ice, doubling transport capacity from Fuji's level. It helped to expand Japan's research expedition network, leading to the openings of Asuka Station in 1985 to probe meteorites and Dome Fuji Station in 1995 at an altitude of about 3,800 meters to explore past climate changes through ice core drillings.

In 2003, budgetary disbursements for a successor ship to Shirase were delayed due to financial constraints, temporarily threatening to suspend Antarctic research expeditions. Japan dispatched its 50th expedition team aboard an Australian research ship in 2008.

The second-generation Shirase was put in service in 2009. It was an environmentally friendly ship equipped with wastewater treatment capabilities and other features.

At present, there are about 70 buildings at Syowa Station, including a dining facility used by the first expedition team which is preserved as a historic monument. The station has utilized sunlight and wind energy in an effort to reduce its dependence on fossil energy.

Chapter 2-1 Era of first research ship Soya

2-1 Syowa Station in February 1959

Syowa Station, a base for the Japanese Antarctic research expedition, stands in February 1959. It began with only four structures in 1957. Supplies from research ship Soya were transported to the station on East Ongul Island, 20 km away, in January that year.

2-2 Soya in Tokyo Bay

The research ship Soya with a standard displacement of 2,497 tons in Tokyo Bay in October 1957. Originally built as an ice-resistant cargo freighter in 1938, Soya was deployed after World War II to repatriate Japanese nationals from abroad. It was named the first Japanese ship for the Antarctic research expedition and quickly remodeled ahead of the departure of Japan's inaugural Antarctic mission in November 1956.

Chapter 2-2 Era of second-generation research ship Fuji

2-3 Second-generation Antarctic research ship Fuji

Fuji sets sail from Tokyo's Harumi Pier on Nov. 25, 1967. The ship with a standard displacement of 5,250 tons was built before Japan resumed the Antarctic research expedition by dispatching the seventh wintering mission.

2-4 Airlifting supplies from Fuji

A helicopter airlifts a big tank from Fuji berthed near Syowa Station on Jan. 20, 1967. Many big tanks are in place at the station to stockpile light oil for wintering missions.

2-5 Construction boom

A series of new buildings are being built at Syowa Station on Jan. 22, 1967, thanks to the replacement of Soya with the bigger Fuji as a research ship.

2-6 Expanded Syowa Station in February 1968

Fuji's debut leads to expansion of Syowa Station from four buildings with a total floor space of 178 square meters in 1957 to 41 buildings with 4,359 square meters in 1983, the final year of Fuji's mission.

2-7 Mizuho Station buried in snow

Mizuho Station, built in July 1970 at an altitude of 2,240 meters and located about 270 km southeast of Syowa Station, is buried in snow in December 1997.

2-8 Inside Mizuho Station

Mizuho Station's interior in January 1983. The station, replete with housing and research quarters, is now unmanned but used as a relay point to Antarctica's inland area.

Chapter 2-3 Era of third-generation research ship Shirase

2-9 Third-generation research ship Shirase

The research ship Shirase with a standard displacement of 11,600 tons leaves Tokyo's Harumi Pier for Syowa Station on Nov. 14, 1999, carrying the 41st expedition team. The third-generation research ship was capable of breaking ice as thick as up to 3 meters and continuously breaking 1.5-meter-thick sea ice at a speed of 3 knots.

2-10 Third research station Asuka

Newly built Asuka Station. Japan's third research station opened in March 1985 on the ice sheet in the Queen Maud Land region, about 670 km west of Syowa Station, to search meteorites, among other duties.

2-11 Dome Fuji Station

Dome Fuji Station on Jan. 12, 1996. The new observation base was built about 1,000 km away from Syowa Station at an altitude of about 3,800 meters for ice sheet drilling to explore past climate changes. Temperatures around the station, reachable by snowmobile in three weeks, average about minus 54 C and the lowest temperature is near minus 80 C.

Chapter 2-4 Era of fourth-generation research ship Shirase

2-12 Fourth-generation research ship Shirase

Fourth-generation research ship Shirase navigates a stormy sea in the Antarctic Ocean (undated).

2-13 Shoveling snow aboard Shirase

Members of the Maritime Self-Defense Force aboard Shirase shovel snow on the deck on Feb. 21, 2017.

2-14 New Shirase in Antarctic Sea

Fourth-generation research ship Shirase, christened after its namesake predecessor, proceeds in the Antarctic Sea near Syowa Station by spraying water from its bow and breaking ice on Dec. 28, 2016. The ship with a standard displacement of 12,500 tons, an environmentally friendly vessel equipped with wastewater treatment capabilities, was put in service in November 2009.

2-15 Syowa Station administration building & earliest structure

Built in 1993, Syowa Station's administration building (left) consolidated dining, medical, communications and other core facilities. The orange-colored building (center) is one of four structures built by the first Antarctic research expedition team.

2-16 Syowa Station marks 60th anniversary

Syowa Station marks its 60th anniversary in January 2017. The station now has about 70 buildings with total floor space of 7,479 square meters, compared with only four structures with 178 square meters in 1957. It can accommodate about 30 to 40 people in winter and 90 to 100 people in summer.

Chapter 2-5 Infrastructure

2-17 Pipeline from Shirase

Crew members lay a pipeline from third-generation research ship Shirase, about 700 meters away from Syowa Station. The ship carries a year's supply of light oil.

2-18 Power generators

Power generators at Syowa Station in January 2017.

2-19 Garbage in Antarctica

Piles of used snowmobiles and other machines and metal garbage near Syowa Station on Feb. 17, 1997. The Japanese expedition began taking home waste and garbage that year given the prospect of the Antarctic Treaty being ratified.

2-20 Wind power generators

Wind power generators installed at Syowa Station in February 2017 to draw on natural energy.

2-21 Solar panels

Solar panels set up at Syowa Station in February 2017 to make use of natural energy.

Chapter 3 Life: Diverse Phases of Yearlong Antarctic Life

Once arriving at Syowa Station, expedition teams (about 40 people for the summer mission and 30 for the winter mission) all engage in construction work every day. Because summer is so short in Antarctica, expedition members cannot waste time before Shirase leaves for Japan in about two months.

On Feb. 1, there is a change-of-command ceremony for outgoing and incoming expedition teams. The housing quarters at the station shift to a residential building, linked to the administration building by a passage, and each expedition member gets a private room.

Shirase departs from Antarctica in mid-February, carrying a summer mission and an outgoing wintering team. For members of the wintering mission, maintaining and managing the station is important during the winter season punctuated with polar nights. Wintering mission members rotate such routine chores as catering and cleaning bathtubs, in addition to their ordinary duties.

Various events are held to bring excitement to a monotonous life for wintering mission members. The highlight of these events is a midwinter festival around the winter solstice and Syowa Station exchanging greeting cards with foreign observation stations. Japanese members return home the following March after a stay of a year and a half.

A woman first joined a Japanese Antarctic research expedition in 1987. Another woman was a member of a wintering mission in 1997. A female member has been appointed as deputy chief of the 60th expedition team set to leave in 2018.

Chapter 3-1 Clothing, food and housing

3-1 Icicles on mustache

Icicles cover an expedition member's unshaven face during outdoor work at Dome Fuji Station on Jan. 24, 1996, as the temperature drops to minus 35 C.

3-2 Hanging on to the rope

Expedition members hang on to the rope as they move from one building to another during blizzards on Jan. 27, 2011.

3-3 Private room

This is one of the private rooms for wintering mission members at Syowa Station in January 2017.

3-4 Cooks

Expedition members acting as kitchen staffers prepare meals at Syowa Station in February 2017.

3-5 Syowa bar

Expedition members relax in a bar at Syowa Station on Feb. 8, 2017.

3-6 Doctor

An expedition member checks medical devices in February 2017.

3-7 Operating room

An operating room at Syowa Station in February 2017, which is also linked with hospitals in Japan by video telephone.

3-8 Post office

Syowa Station has a branch of the Ginza Post Office manned by an expedition member from Japan Post Co. in February 2017. New Year's cards and other mail from the station are transported by research ship Shirase and delivered in Japan in April.

Chapter 3-2 Marking seasons

3-9 Christmas party inside snowmobile

A Christmas party inside a snowmobile on Dec. 25, 1995, the first day of a 2,000-km roundtrip from Syowa Station to Dome Fuji Station.

3-10 Barbecue party

Expedition members enjoy a barbecue party on Jan. 16, 1998, at Dome Fuji Station at an altitude of about 3,800 meters, some 1,000 km from Syowa Station.

3-11 Syowa spa

Makeshift outdoor "Syowa spa" on Feb. 11, 1996.

3-12 A kite chain

A kite chain over Antarctica on Feb. 9, 2010. The event marked the centennial of the start of legendary Japanese explorer Nobu Shirase's Antarctic expedition, using kites made by children in his hometown in Akita Prefecture.

3-13 Greeting card for midwinter festival

Syowa Station holds a midwinter festival around the winter solstice that marks a halfway point of the polar night period when the sun does not rise for about a month and a half to two months from late May to mid-July. The station exchanges greeting cards with foreign observation stations.

3-14 Welcoming incoming team

Members of the 57th wintering team welcome the succeeding expedition group at Syowa Station on Dec. 23, 2016.

3-15 Bell on New Year's Eve

An expedition member rings a bell made from a gas cylinder at the stroke of midnight on Dec. 31, 2016.

3-16 Round rice cake

A round rice cake at Syowa Station as a New Year offering on Dec. 31, 2016.

3-17 New Year's holidays

Wintering team members attend a New Year's party at Syowa Station on Jan. 1, 2017.

3-18 Rice-cake making

Expedition members make rice cakes to celebrate the 60th anniversary of Syowa Station's opening on Jan. 29, 2017.

3-19 Coming-of-Age ceremony

Maritime Self-Defense Force members pose in front of research ship Shirase near Syowa Station as part of a Coming-of-Age ceremony on Jan. 6, 2017.

3-20 Changeover ceremony

Members of the 57th and 58th wintering teams of Japanese Antarctic research expeditions take a group photo during a changeover ceremony at Syowa Station on Feb. 1, 2017.

3-21 Seeing off Shirase

Members of a newly arrived wintering team see off research ship Shirase and its crew on Feb. 15, 2017. The new team will spend about 10 months manning Syowa Station.

3-22 Outgoing members

Expedition members aboard Shirase leave for home on Feb. 15, 2017, after completing their mission at Syowa Station (back left).

Chapter 4 Nature: Earth and Sky

An overwhelming amount of ice envelops Antarctica (37 times the size of Japan), where 90% of fresh water on earth exists. The land portion on which ice has been accumulated in Antarctica over tens of millions of years records the history of global changes.

Such vast ice is a mass of energy which influences climate change on earth. If all the ice in Antarctica melts, the sea level is projected to rise as high as 60 meters.

If fresh water from melted ice flows into the Antarctic Ocean and blends with sea water, salt density may become diluted and change the movements of ocean currents. The international community has to continue to monitor Antarctic ice fluctuations through Antarctic observations, satellite monitoring and related simulations.

About 100 years have elapsed since German meteorologist Alfred Wegener advanced the theory of continental drift. The Australian Continent, linked with the Antarctic Continent about 200 million years ago, later separated and has been moving away at a speed of 6 centimeters a year. India separated from the Antarctic Continent at a much faster speed and collided with the Asian Continent, creating the Himalayas.

Antarctica is one of the coldest places on earth. The lowest temperature on record was minus 89.2 C, observed by Vostok Station of the Soviet Union (now Russia) in 1983. Syowa Station once recorded minus 45.3 C.

Under such low-temperature conditions, mirages, Parhelion or a "mock sun" optical phenomenon, sun pillars and other phenomena can be observed. In Antarctica, the sun does not set in summer from December to February the following year, moving near the horizon all day long to cause white nights. In winter from late May to mid-July, polar nights continue.

Chapter 4-1 Earth with ice sheet and bedrock

4-1 Ice wall of Shirase Glacier's tip

The tip of Shirase Glacier in Antarctica on Jan. 22, 2017. The glacier, named after renowned Japanese explorer Nobu Shirase, protrudes into Lutzow-Holm Bay (right) at a speed of about 2 km annually.

4-2 Mountain range and icebergs

A mountain range (rear) on the Antarctic continent and icebergs in the Antarctic Ocean, as photographed from a helicopter aboard research ship Shirase on Dec. 17, 2016.

4-3 Iceberg born

An iceberg separated from the Lutzow-Holm Bay ice shelf, photographed on Jan. 26, 2017.

4-4 Windswept snow pattern

A "Sastrugi" pattern of grooves and ridges produced on snow by gusting winds in Antarctica (undated).

4-5 Clump of icebergs

A clump of icebergs off Cape Darnley in Antarctica, more than 100 km in length and some 30 km in width, on March 1, 2017.

4-6 Arch-shaped iceberg

An arch-shaped iceberg in the Antarctic Ocean on Feb. 28, 2017.

Chapter 4-2 Atmosphere and Sky

4-7 "Hot-water fireworks"

Hot water hurled into the air instantly freezes up to become firework-like ice crystals on Jan. 24, 1996, as the day's temperature around Dome Fuji Station stands at minus 43.8 C.

4-8 Halo phenomenon

A halo phenomenon of the sun being circled by a large ring is observed on Jan. 4, 1996, during a trip from Syowa Station to Dome Fuji Station.

4-9 Parhelion

Parhelion, a "mock sun" optical phenomenon, is observed at Syowa Station on Sept. 17, 2004.

4-10 Midsummer sun

The sun never sets in summertime at Syowa Station, as shown by these sequence photos taken on Dec. 26, 2016. The midnight sun is visible all day long for about a month and a half to two months from December to February the following year.

4-11 Green flash

A green flash is observed from aboard research ship Shirase on Dec. 12, 2010. The phenomenon occurred just before sunset.

4-12 Sunset and mirage

Sunset behind icebergs in the Antarctic Ocean and their two mirages (right) on Feb. 28, 2017.

4-13 Sun pillar at dusk

A sun pillar just after sunset in the Antarctic Ocean on Feb. 19, 2017.

Chapter 5 Creatures: Living under Extreme Conditions

Animals and other creatures in Antarctica live under extremely severe conditions.

Waters off Syowa Station have been covered with thick ice in recent years, preventing research ship Shirase from approaching the station and giving Japanese expedition members a hard time delivering fuel, food and other essential supplies to the station. But such hardship is not limited to human beings.

Penguins come to Antarctica in summer to lay eggs and raise chicks. When ice is thick, parent penguins walk long distances to find water openings and dive in to get food for their chicks.

But something unusual occurred in 2016 when sea ice loosened, enabling parent penguins to dive in front of their nests and feed their chicks easily. As a result, the survival and growth rates of chicks greatly improved, but reasons for the unusual phenomenon remain unknown.

A mechanism has not yet been established to determine the fate of ice in Antarctica. But local observations have revealed that fluctuations in ice have seriously affected creatures there. From a global perspective, they have a bearing on all creatures, including human beings.

5-1 Snow petrel

A snow petrel in the Antarctic Ocean on Dec. 19, 2016.

5-2 Weddell seal

A Weddell seal emerges from a sea ice crack, as seen from the deck of research ship Shirase berthed off Syowa Station on Dec. 23, 2016.

5-3 South polar skua

A south polar skua hunting for chicks and eggs of Adelie penguins in a cove in Antarctica on Jan. 4, 2017.

5-4 Baby penguin

A baby Adelie penguin seeks food from parent penguin (left) on Jan. 19, 2017.

5-5 Adelie penguin

An Adelie penguin at Syowa Station on Jan. 3, 2017.

5-6 Flock of Adelie penguins

A flock of over 100 Adelie penguins appears behind research ship Shirase berthed about 90 km off Syowa Station on Dec. 20, 2016.

5-7 Emperor penguins

Emperor penguins on a snowfield along the Antarctic coast on Feb. 23, 2017.

Chapter 6 Observation: Window to Past and Future

Antarctica is the window to the past and future, and that aptly explains the objective of Antarctic research expeditions.

There have been many discoveries about the Earth's past in Antarctica. It is a time capsule of the Earth, so to speak. The ice sheets that cover the Antarctic Continent preserve seamless data about past climate changes such as temperatures and carbon dioxide density in the last hundreds of thousands of years. Numerous meteorites found in ice sheets are raw materials which have produced a celestial body called the Earth. They contain information about the solar system prior to the birth of the Earth. Rocks in the Antarctic Continent hold the key to changes since the birth of the Earth.

What is the mechanism of environmental changes as highlighted by global warming? Carbon dioxide density in the air had been kept below about 300 ppm in the last 300,000 years before topping 400 ppm in 2016, as measured at Syowa Station. Will global warming further accelerate? On the other hand, there is a view that the interglacial period which has lasted about 20,000 years is drawing to a close and the Earth is going to get cold. Where is the Earth going to take human beings? The answer may be found in the time capsule of Antarctica.

6-1 Meteorological observation

Meteorological observation equipment is installed by the first Japanese Antarctic research expedition team at Syowa Station on East Ongul Island in February 1957.

6-2 Biological experiment laboratory

A researcher works in a biological experiment laboratory at Syowa Station on Feb. 10, 1967.

6-3 Yamato mountain range survey

Expedition members check the terrain of the Yamato mountain range, about 300 km away from Syowa Station, in 1969. In the same year, the 10th wintering team discovered nine meteorites in the mountains.

6-4 Discovery of Antarctic meteorites

Members of the 10th wintering mission conducted topographical and geological surveys after leaving Syowa Station on Nov. 1, 1969, and discovered nine meteorites. About 48,000 meteorites have been discovered in Antarctica to date, including about 17,000 by Japanese explorers.

6-5 Antarctic meteorite

This meteorite was discovered in the Nansen Ice Field of the Sor Rondane Mountains by the 54th expedition team on Jan. 28, 2013.

6-6 Aurora observation by rocket

An S-210JA rocket carrying observation equipment is launched toward the aurora over Syowa Station on Aug. 10, 1971.

6-7 Aurora observation by balloon

A huge balloon is lifted from Syowa Station under the midnight sun in 1973.

6-8 Ozone hole

An ozone hole (blue portion) over Antarctica in September 2000. (Photo courtesy of NASA)

6-9 Path from Dome Fuji Station

A large snowmobile and sleds en route from Dome Fuji Station to Syowa Station on Jan. 28, 1996, covering the distance of some 1,000 km in about three weeks.

6-10 Drilling ice core

Researchers drill an ice core at Dome Fuji Station on Jan. 24, 1996. By analyzing atmospheric components trapped inside ice, it is possible to shed light on climate and environmental changes on a global scale over the past hundreds of thousands of years.

6-11 720,000-year-old ice

An ice sample collected at a depth of 3,029 meters at Dome Fuji Station is on display at the National Institute of Polar Research in Tokyo on April 17, 2006. Drilling was completed at a depth of 3,035.22 meters and ice at that depth was determined as 720,000 years old.

6-12 Ecological findings via bio-logging

An Adelie penguin (right) with a video camera attached on Jan. 4, 2017, and images taken through the camera (a method known as bio-logging) on Dec. 30, 2010.

6-13 Maritime submersible research

Submersible research on sea ice on Jan. 6, 1983.

6-14 Submersible studies of Antarctic lakes

A Japanese researcher dives in a lake in Antarctica on Jan. 26, 2017.

6-15 Moss pillars in Antarctic lake

The 51st expedition team discovers a colony of moss pillars in Lake Naga, about 40 km south of Syowa Station, on Jan. 22, 2010.

6-16 Measuring iceberg movements

Researchers use a GPS system to measure the movement of ice covering the Antarctic Continent at a location about 20 km east of Syowa Station on Jan. 29, 2010.

6-17 Measuring ice thickness

An expedition member checks equipment for measuring the thickness of ice about 50 km upstream from the tip of Shirase Glacier on Jan. 13, 2017.

6-18 Atmospheric radar "PANSY"

Syowa Station has observed atmospheric movements at an altitude of some 500 km by deploying a large-scale radar system dubbed "PANSY" since June 2012, as seen in this photo taken on Dec. 28, 2016.

6-19 Walking rocky terrain

Members of a geological survey team walk over rocky terrain in Lutzow-Holm Bay on Jan. 15, 2017.

6-20 Geological research

Members of the 58th expedition team conduct geological research in Antarctica on Jan. 15, 2017. The team was joined by young researchers from Asian countries that had not been involved in Antarctic observation.

6-21 Scrutinizing rocks

A geologist uses a loupe to check minerals in a rock in Antarctica on Jan. 15, 2017. Researchers sometimes find rocks having the same sorts of components as those in Africa, India and other parts that constituted the Gondwana subcontinent together with Antarctica some 200 million years ago.

6-22 First observation

Research ship Shirase observes seawater temperatures and salt density near the tip of Shirase Glacier (upper right) in this photo taken by drone on Jan. 22, 2017. The observation was made for the first time after normally omnipresent thick ice in Lutzow-Holm Bay facing Syowa Station drifted away a year earlier.

6-23 Aurora over Shirase

Research ship Shirase encounters an aurora on Feb. 23, 2017, after leaving Syowa Station en route back to Japan.

写真提供 / Photo Credits (50音順)

共同通信社 / Kyodo News
国立極地研究所 / National Institute of Polar Research（3-13, 4-4, 6-5, 6-12左, 図1〜6）
時事通信社 / Jiji Press（2-9）
NASA（6-8）
南極観測隊（1-6, 1-14, 1-19, 2-10, 6-3, 6-4, 6-6, 6-7）

南極観測60年
― 定点観測者としての通信社 ―

展覧会

2018年3月3日〜16日
東京国際フォーラム　ロビーギャラリー

主催
公益財団法人 新聞通信調査会

協力
国立極地研究所
共同通信社

総合企画
米山司理（公益財団法人 新聞通信調査会）

写真選定
君波昭治、石原耕太、山田賀、木村彰宏、小澤佑介（共同通信社）

写真集

発行日
2018年3月2日

編集
公益財団法人新聞通信調査会
共同通信社

執筆（五十音順）
稲葉智彦（第37次南極観測隊同行記者、共同通信社）
君波昭治（共同通信社）
澤野林太郎（第51次南極観測隊同行記者、共同通信社）
武隈周防（第58次南極観測隊同行記者、共同通信社）
深瀬和巳（第3次南極観測隊員・第7次南極観測隊同行記者、共同通信社社友）
藤田紳一（第41次南極観測隊同行記者、共同通信社）
本吉洋一（国立極地研究所教授・広報室長）
山村 学（第48次南極観測隊同行記者、共同通信社）

和文英訳
菊田正憲、米山司郎、アンソニー・ヘッド（共同通信社）

制作
印象社

発行人
西沢 豊

発行所
公益財団法人新聞通信調査会
〒100-0011 東京都千代田区内幸町2-2-1 日本プレスセンタービル1階
電話03-3593-1081　http://www.chosakai.gr.jp

ISBN 978-4-907087-14-2 C0036
©2018　公益財団法人新聞通信調査会／共同通信社
本書の無断複写及び転載は、著作権法上の例外を除き禁じられています

60 Years of Japanese Antarctic Research Expedition
–A news agency as eyewitness–

Exhibition

March 3 - 16, 2018
Tokyo International Forum（Lobby Gallery）

Organized by
Japan Press Research Institute

In cooperation with
National Institute of Polar Research, Kyodo News

Executive Producer
Morimasa Yoneyama（Japan Press Research Institute）

Photo Selection Board
Shoji Kiminami, Kota Ishihara, Tadashi Yamada, Akihiro Kimura, Yusuke Ozawa（Kyodo News）

Catalogue

Published on
March 2, 2018

Edited by
Japan Press Research Institute
Kyodo News

Authors（in Alphabetical Order）
Shinichi Fujita（Kyodo News reporter with 41st expedition team）
Kazumi Fukase（Member of third expedition team; Kyodo News reporter with seventh expedition team）
Toshihiko Inaba（Kyodo News reporter with 37th expedition team）
Shoji Kiminami（Kyodo News）
Yoichi Motoyoshi（Professor at National Institute of Polar Research）
Rintaro Sawano（Kyodo News reporter with 51st expedition team）
Suo Takekuma（Kyodo News reporter with 58 expedition team）
Manabu Yamamura（Kyodo News reporter with 48th expedition team）

Translated by
Masanori Kikuta, Shiro Yoneyama, Anthony Head（Kyodo News）

Produced by
Insho-sha

Published in 2018 by
Japan Press Research Institute

All rights reserved. No part of the contents of this volume may be reproduced in any form whatsoever without the written permission of the publisher.
Copyright © 2018 by Japan Press Research Institute, Kyodo News